KB214105

쓸모를 증명하지 않는 삶에 관하여

일러두기

1 이 책은 2019년 국내에서 출간된 『철학이 필요한 순간』의 전면 개정판입니다.
2 본문의 괄호 안 글 중 옮긴이가 독자들의 이해를 위해 덧붙인 글에는 옮긴이 주
　로 표시했습니다. 이 표시가 없는 글은 원저자의 글입니다.
3 이 책에서 인용한 『성경』과 단행본 등은 이 책의 일본어 원서에 있던 글을 번역
　하여 실었습니다.
4 본문에서 언급하는 단행본이 국내에서 출간된 경우 국역본 제목으로 표기하였
　고, 출간되지 않은 경우 최대한 원서에 가깝게 번역하고 원제를 병기하였습니다.
5 책 제목은 겹낫표(『』), 편명, 논문, 보고서는 홑낫표(「」), 신문, 잡지는 겹꺾쇠(《》),
　영화, TV 프로그램 등은 꺾쇠(〈〉)를 써서 묶었습니다.

Ståsteder (STANDPOINTS) by Svend Brinkmann
© Svend Brinkmann & Gyldendal, Copenhagen 2016
Korean Translation Copyright © 2019 by Dasan Books Co., Ltd.
All rights reserved.
The Korean language edition is published by arrangement with
Gyldendal Group Agency, Copenhagen through MOMO Agency.

쓸모를 증명하지 않는 삶에 관하여

STANDPOINTS

스벤 브링크만 지음 | 강경이 옮김

다산
초당

차례

애써 증명할 필요 없는
가치들로 삶은 이미 충만하다

2014년 영화감독 우디 앨런은 자신의 영화 「매직 인 더 문라이트」의 기자회견을 가졌습니다. 이 자리에서 그는 특유의 짧지만 함축적인 표현으로 삶의 의미에 대해 이렇게 말했습니다.

저는 삶이 의미 없는 것이라고 굳게 믿습니다. 그렇다고 그게 잘못됐다는 건 아닙니다. 의미가 없으니 그냥 자살하는 게 낫다고 말하는 것도 아니에요. 하지만 한번 생각해보세요. 100년에 한 번씩 엄청난 홍수에 휩쓸리기라도 하듯 세상 모든 사람이 사라집니다. 그러고는 새로운 무리의 사람이 나오고, 그들이 다시 휩쓸려가면, 또 새로운 무리가 나오는 식으로 인류의 삶은 계속 이어지죠. 여러분을 심란하게 만들려고 하는 말이 아닙니다. 그저 이런 과정이 특별한 목적도 이유도 없이 계속되는 것이 우리의 삶이라는 것입니다.

최고의 물리학자들에게 엔트로피라는 말을 들어 알고 있겠지만 우주 역시 계속 무너지고 있어요. 결국에는 아무것도, 정말 아무것도 없게 될 테죠. 셰익스피어와 베토벤과 다빈치의 위대한 작품도 모두 사라질 겁니다. 여러분이 생각하는 것만큼 우리가 오래 남아 있지는 않을 거예요. 사실 우주가 사라지기 훨씬 전에 우리 은하계의 태양이 먼저 다 타버릴 테니까요![1]

우디 앨런은 바로 이러한 이유로 정치적 영화를 만드는 일에 전혀 관심이 없다고 밝힙니다. "그런 영화가 현재로서는 대단히 중요하겠죠. 하지만 큰 틀에서는 오직 큰 질문만 중요한데, 이 큰 질문에 대한 대답은 매우, 매우 우울합니다. 이건 그냥 생각해낸 해결책인데요, 그 생각에서 벗어나기 위해 제가 추천하는 방법은 머리를 식혀주는 오락에 치중하는 것입니다. 이를테면, 영화 관람 같은 것 말이지요."

이 탁월한 영화감독은 기자회견장에서 우울하고 의미 없는 삶의 해결책으로 영화 관람을 추천할 때 장난스럽게 눈까지 반짝였습니다. 진지함과 유머가 마구 뒤섞인 인터뷰지만, 그가 진심을 말했다는 데는 의심의 여지가 없지요. 그런데 문제는 우디 앨런의 말이 정말 맞느냐는 것입니다. 우리 삶은 진짜 아무 의미가 없을까요?

이 질문은 누구나 살면서 한 번쯤 반드시 떠올렸을 것입니다. 아침에 눈을 뜨면서 또는 퇴근길에 불쑥 불안과 허무, 고독 같은 감정과 함께 머릿속에 떠오르는 질문이지요. 우디 앨런은 이 질문에 '그렇다'고 답합니다. 삶이 의미 없다는 자신의 확신을 합리화하기 위해 물리학을 끌어다 썼지요. 물론 그건 가장 객관적이고 과학적인 관점이지만, 동시에 우리의 일상과는 멀리 떨어진 관점입니다.

그는 먼 훗날 언젠가 다 타서 사라질 태양을 언급하고, 우주 전체의 궁극적인 소멸을 이야기합니다. 이처럼 일상의 야단법석에서 완전히 떨어져 우주적 관점으로 삶을 바라보면 티끌 같은 우리 삶에서 아무 의미를 찾을 수 없다는 게 결코 놀랄 일도 아닙니다. 모든 것이 그저 의미 없이 움직이다가 언젠가 정지하고 사라질 물질에 불과하다니, 우울한 기분이 드는 것도 사실이지만요.

삶의 의미를 묻게 되는 순간

평범한 사람은 삶에 아무런 의미가 없다는 말을 들으면 아마 흠칫하며 놀랄 거예요. 어쩌면 단지 '의지'를 갖는 것만으로는 삶에 의미를 부여하기 힘들지도 모릅니다. 하지만 우디 앨런의 생각처럼 일상과 그토록 멀리 떨어진 곳에서 삶의 의미를 따지는 일이 정말 옳은 것인지는 물을 수 있을 겁니다.

일상 밖의 천문학적인 거리에서 삶을 바라보는 대신, 삶의 내부에서 그 의미를 탐색하기 위해 삶 '속으로' 걸어 들어가보면 어떨까요? 그러면 삶의 의미를 찾는 일이 훨씬 덜 골치 아픈 문제가 될지 모릅니다.

저는 이런 생각을 해봤습니다. 의미는 물리학자의 관점과 같은 삶의 외부가 아니라, 내부에서만 이해할 수 있는 현상이 아닐까요? 우리가 시를 감상할 때 시집의 무게를 재거나 잉크의 성분을 분석하지는 않으니까요. 삶의 의미를 찾기 위해서는 바깥에서 삶을 관찰하기보다 삶 속으로 파고들 필요가 있습니다. 그러면 그런 작업을 통해 우리는 무엇을 찾으리라 기대할 수 있을까요? 안타깝게도 의미가 무엇인지 당장 말할 수 있는 사람보다 쉽게 대답하기 힘들어하는 사람이 더 많을지도 모릅니다.

요즘 들어 우리는 삶의 진짜 의미를 묻는 질문을 곳곳에서 마주합니다. 책은 물론 방송, 영화, 노랫말에서 '진짜 나'를 찾고, '삶의 의미'를 다루는 내용을 쉽게 만나지요. 하지만 그럴수록 그 질문에 대답하는 것이 어느 때보다 힘들어진 듯합니다. 분명 오늘날 우리는 물질적으로는 인류 역사상 가장 풍요롭다고 할 수 있습니다. 더 오래 살고 질병도 더 효과적으로 치료하지요. 하지만 많은 사람이 정작 자기 삶의 의미는 찾지 못한 채 방황하고 있습니다. 삶의 의미를 묻는 횟수가 점점 늘어나며, 이런 주제를 다룬 콘텐츠가 쏟아지는 현상을 건강한 신호라고만 볼 수는 없겠지요. 그런 현상 자체가 무언가의 부재를, 목마름을 반영하는 것일 테니까요.

사람들이 삶의 의미를 물을 때는 주로 사는 게 허무하거나 불안할 때입니다. 가족과 친구와 동료와 함께 보람찬 일과 여가 활동으로 우리 삶이 분주할 때는 세상이 중요하고 가치 있는 일로 충만해 보이지요. 예컨대 아이들을 위해 요리할 때, 그 일을 하는 게 정말 의미가 있는지 없는지 멈춰 서서 묻는 경우는 거의 없습니다. 식사 준비를 하고 아이들을 돌보는 일은 고되지만 삶에 꼭 필요한 일부니까요.

그러나 삶의 평범한 패턴이 무너질 때, 그러니까 사랑하는 이가 아프거나 세상을 떠났을 때, 또는 직장의 구조조정이나 정리해고로 생활이 힘들어질 때, 우리는 이 모든 것에 무슨 의미가 있는지 궁금해집니다. '왜 이런 일이 일어났을까?', '우리가 평생 겪는 이 모든 일들이 정말 가치가 있을까?' 하고 말이지요.

삶은 그 자체로 의미 있다

근본주의자가 아니고서야 대부분의 평범한 사람은 삶의 의미를 묻는 질문에 명확하게 대답하지 못합니다. 저도 여기서 그 대답을 내놓으려 하지는 않을 거고요. 다만 각자 삶의 의미를 찾는 데 도움이 될 방향을 제시하려 합니다.

저는 삶의 의미가 무언가를 성취하거나 얻기 위한 도구적인 일이 아니라, 그 자체가 목적이 되는 일과 그 자체를 위해 몰두하는 활동에서 나온다고 생각합니다. 이런 일들은 우리의 일상 속에서 발견할 수 있지, 우디 앨런처럼 천문학적으로 먼 거리에서 삶을 관찰하는 방식으로는 결코 찾을 수 없습니다.

우리 삶에서 그 자체로 목적이 되는 것, 삶에 의미를 부여하는 것이 바로 제가 이 책을 통해 다루려는 '태도' 또는 '관점standpoints'입니다. 이것은 끊임없이 유동하는 불확실한 이 세상에서 우리가 흔들리지 않고 굳게 서 있을 만한 단단한 토대를 제공하지요. 그런데 이런 생각은 안타깝게도 오늘날 상당한 시련을 겪고 있습니다. 바로 '도구화'라 불리는 사회 흐름 아래서 말이지요. 도구화란 우리가 목적으로 삼아야 하는 것들이 다른 것을 성취하기 위한 수단이나 도구처럼 취급되는 현상을 일컫습니다. 예컨대 다른 사람과 사랑을 하거나 우정을 나눌 때에도 그 관계가 자신에게 이익이 되는지 여부를 잘 따져야 '현명한' 처신으로 여겨지는 것처럼 말이지요. 이처럼 우리 사회는 갈수록 많은 일을 그 자체로 가치 있다고 여기지 않고, 다른 목적을 이루기 위한 수단으로 여기고 있습니다.

도구화가 무엇인지 명백하게 보여주는 것이 바로 돈입니다. 돈은 현대사회를 살아가는 우리 삶 모든 곳에서 필수적이지요. 그런데 놀랍게도, 돈은 그 자체로는 가치가 없습니다. 그냥 종이거나 금속이거나 은행 컴퓨터에 저장된 정보에 불과하니까요. 그러나 도구로서의 돈은 보편적인 교환 수단으로 기능하면서 모든 것에 값을 매기고 그 가치를 다른 것과 비교할 수 있도록 도와줍니다.

인류는 돈이라는 발명품을 통해 갑자기 모든 것의 가치를 똑같은 저울로 잴 수 있게 됐습니다. 예를 들어 심리상담가나 회계사와의 대화 한 시간 같은 무형적인 일도, 고기 한 토막이나 좋아하는 가수의 음반처럼 유형적인 것과 쉽게 가치를 비교하고 바꿀 수 있습니다. 돈은 물건과 서비스의 질적 차이를 평평하게 펴서 모조리 양적인 차이로 만들어버립니다.

물론 이러한 도구화 자체가 무조건 문제라는 건 아닙니다. 경제적 관점에서는 물물교환보다 화폐를 쓰는 쪽이 훨씬 더 나은 방식이라는 데 대부분 동의할 테니까요. 물물교환 제도 아래에서는 신발 한 켤레를 살 때조차 그것을 언제 어떻게 해야 더 적은 사과로 맞바꿀 수 있을지 늘 계산하느라 바쁠 게 분명합니다.

도구적 활동이나 관계는 그 자체로는 별 문제가 없으며, 사실 피한다고 피할 수도 없습니다. 문제는 삶 그 자체를 도구적으로 바라보는 관점입니다. 이 책에서 저의 입장은 도구주의를 완전히 파괴하려는 것과는 거리가 멉니다. 다만 우리가 세상과 다른 사람들, 그리고 무엇보다 자기 자신과 관계를 맺을 때 처음 떠올리는 생각이 도구주의에 기반할 때 생기는 문제를 밝혀 경계할 수 있게 하려고 합니다.

도구주의적 사고는 오늘날 우리 사회에서 점점 더 심해지고 있는 현상입니다. 여기서도 돈이 뚜렷한 예시가 되겠네요. 오늘날 돈으로 할 수 없는 일은 아무것도 없는 것처럼 보이기에 우리는 돈이 수단에 불과하며 그 자체로 목적이 될 수 없다는 걸 쉽게 잊고 삽니다. 누가 봐도 부족한 게 없을 만큼 부유한 사람조차 더 많은 재산을 모으기 위해 죽을 만큼 애쓴다는 건, 분명 그들이 돈을 수단이 아닌 목적으로 여긴다는 증거입니다. 여기서 의문이 하나 생깁니다. 그렇다면 대체 무엇이 그 자체로 가치가 있을까요? 이 질문에 대답할 수 있다면, 우리 삶에 진짜 의미를 주는 것들이 무엇인지 더 잘 이해하게 될 것입니다.

예술은 삶만큼이나 정의하기 힘들지만, 어디에선가 이렇게 정의하는 걸 들은 적이 있습니다. "예술은 우리에게 존재 그 자체로 목적인 것이 있다는 사실을 일깨워주기 위해 존재한다." 예술의 목적을 예술 그 자체가 아닌 다른 것으로 돌린다면, 예술다움은 사라질 수밖에 없습니다.

누군가는 예술이 사람들에게 긍정적이고 아름다운 경험을 제공하기 위해 존재하는 것이라고 말하겠지만, 그러면 예술은 단지 경험의 전달 수단으로 격하됩니다. 게다가 우리가 알다시피 모든 예술 작품이 아름답거나 유쾌하지도 않지요. 보는 이를 불쾌하게 만들거나 의아하게 만드는 작품도 많으니까요. 또 어떤 사람은 예술에 정치적 목적이 있다고 말할 겁니다. 그러면 예술은 그저 프로파간다가 되고 말지요. 물론 예술은 아름답거나 정치적일 수도 있지만, 둘 다 예술의 목적은 아닙니다. 그것들은 기껏해야 부수적 효과지요. 예술의 유일한 목적은 오직 예술 그 자체입니다.

그 자체로 목적인 것이 예술만은 아닙니다. 우리가 윤리적으로 행동하거나, 누군가와 놀거나, 또 사랑하는 일 역시 그 자체로 목적인 일이지요. 하지만 도구화 현상 아래서는 이 모든 것이 다른 목적을 위한 도구가 되어버리기도 합니다. 어떤 의미에서 이런 현상은 돈을 목적으로 삼는 즉 수단을 목적으로 삼는 현상과는 정반대로 보입니다. 하지만 두 현상 모두 그 자체로 가치 있는 것과 그렇지 않은 것을 혼동했다는 점에서 동전의 양면과 같습니다.

예를 들어 요즘 몇몇 회사는 종종 그 자체로 목적이 되어야 할 놀이를 도구로 만들어버립니다. 직원들이 혁신적인 아이디어를 내도록 자극하고, 관리자가 간접적으로 영향력을 행사할 수단으로 놀이를 활용하는 것이지요.[2] 여기서 우리가 여가 시간에 즐기던 놀이는 기업의 이윤을 창출하기 위한 경영 도구가 됩니다. 우리는 그런 상황에서도 그것을 놀이라고 부를 수 있을까요?

그 자체로 자유롭고 즐겁고 다른 목적에 이끌리지 않는 것이 놀이 아닌가요? 회사의 경쟁력을 높이기 위해 하는 일은 더 이상 놀이가 아니라 일일 뿐입니다.

　모든 도구화 현상이 혐오스럽거나 비난받아야 하는 건 아닙니다. 다만 도구화 현상의 영향력이 너무 커지는 걸 그대로 방치해서는 안 된다는 거지요. 우리는 삶의 의미를 지키기 위해 그러한 흐름에 당당히 맞서야 합니다. 도구화는 우리 삶에서 정말 의미 있는 것을 너무 쉽게 가려버립니다. 우리는 대개 가장 큰 이익을 주는 수단이나 도구를 원하지요. 가장 쓸모 있는 것을 찾습니다. 이런 경향이 워낙 당연시되고 사회 곳곳에 깊이 배어 있다 보니 우리는 그러한 생각이 빠질 수 있는 함정을 보지 못합니다.

효용성의 함정

　오랫동안 여러 나라의 정치인들은 '투자 대비 효과'

를 최대화하는 방법을 찾았습니다. 의료 문제든 환경 대책이든 교육 정책이든, 투자한 돈으로 최대치의 효과를 끌어내길 바란 것이지요.

여기서 여러분에게 질문을 하고 싶습니다. 요즘 들어 굉장히 자주 접하는 질문이라 아마 익숙하실 텐데요. 바로 이 질문입니다. 인문학은 정말 쓸모가 있을까요? 효용성을 제일 중시하는 이 도구화된 시대에 인문학은 온갖 도전에 부딪히고 있습니다. 역사학이나 연극학, 또는 프랑스문학 같은 것이 국내총생산GDP이나 국가 경쟁력 강화에 어떤 도움이 될까요?

제가 여러분에게 말하고 싶은 기본적인 전제 가운데 하나는 역설입니다. 그러니까 인문학을 포함해서 많은 학문은 바로 그 쓸모없음 덕택에 쓸모가 있다는 것입니다. 우리가 삶의 의미를 되찾기 위해서는 쓸모만 따져서는 안 됩니다. 이러한 깨달음을 받아들이는 것은 더 깊은 의미에서, 더 실존적인 의미에서 쓸모가 있습니다. 이런 맥락에서 예술과 놀이, 사랑, 윤리 같은 가치는 쓸모없을 때, 그러니까 어떤 다른 목적을 위해 쓰이지 않고 그 자체로 목적일 때 가장 쓸모가 있습니다.

앞에서 이야기했듯이 우리가 놀거나 사랑을 하거나 어려움에 처한 사람을 돕는 것은 그런 행동을 통해 다른 이득을 얻기 위해서가 아니라 그 자체로 의미 있기 때문입니다. 우리 삶에 진짜 알맹이가 되는 것, 의미를 주는 것은 이른바 이런 쓸모없는 일들입니다. 인문학은 바로 이러한 현상을 주로 다루기에 중요한 것이지요.

저는 철학을 공부한 심리학자입니다. 그런데 여기서 제가 전공인 심리학보다 철학에 중점을 두는 이유는 안타깝게도 심리학이 우리 사회에서 벌어지는 도구화 현상에 한몫을 했다는 사실과 관계가 있습니다. 달리 표현하면 심리학은 19세기 후반 학문으로 탄생한 이래, 사회에 도구화 문화를 지속적으로 정착시킨 중요한 수단이었습니다.

오늘날 심리학은 현대사회에서 유사종교의 자리를 차지한 채 개인에게 다양한 자기계발 도구를 제공합니다.[3] 심리학은 구원이라는 종교적 목표를 자아실현으로, 또 고해성사와 성직자의 조언을 치료와 코칭으로 바꾸었지요. 현대의 세속 사제는 심리학자와 자기계발 전도사이고, 신이 있던 우주의 중심은 자아가 대신 차지했습니다. 이게 지난 200년 동안 일어난 일입니다. 그러나 종교적 개념에서 신은 그 존재 자체가 목적인 반면, 심리학은 단순하게 표현하면 목적 없는 수단을 제공한다는 점에서 결정적인 차이가 있습니다. 개인마다 지극히 주관적일 수밖에 없는 자아실현이나 국가적 차원의 목표인 역량 강화 말고는 다른 목적이 없는 것이지요.

심리학의 수단은 몹시 다양합니다. 인문학적 방법에는 심리 치료, 코칭, 긍정 탐구, 마음 챙김, 비폭력 대화 등이 있고, 자연과학적 방법에는 지능검사나 인성검사 등이 있지요. 이런 심리학의 도구는 우리가 자기 자신을 이해하는 방식과 학교를 비롯한 여러 기관을 운영하는 방식에 이미 깊숙이 들어와 있습니다.

문제는 우리가 이런 수단을 목표 그 자체로 바꾸려 한다는 것입니다. 예를 들어 오늘날 우리는 진정성, 그러니까 '진짜 나 자신이 되는 것'이나 자신의 직관대로 행동하는 일, 심지어 심리검사에서 특정 결과를 얻는 일이 그 자체로 가치가 있다고 믿습니다. 그러나 이 믿음에 문제가 있다는 건 쉽게 알 수 있습니다. 단적인 예를 들어보겠습니다. 만약 여러분이 진짜 자신을 찾았는데, 알고 봤더니 잔인하고 무정한 괴물이라면 어떻게 하겠습니까? 그런 '진짜 나'로 살기보다는, 차라리 진정성이 떨어지더라도 좀 더 나은 다른 사람이 되는 게 더 좋지 않을까요?

우리는 진정한 자신을 찾는 데 몰두하기보다는 선하고 도덕적인 사람이 되려고 노력해야 합니다. 정말 최악의 경우에는 진짜 나를 찾는 일이, 앞서 언급한 경우처럼 좋은 사람이 되는 걸 막는 장벽이 되기도 합니다. 물론 좋은 사람이 되는 동시에 진정한 자기 자신도 찾을 수 있다면 굉장히 근사하겠지요. 그러나 둘 가운데 하나만 선택해야 한다면 우리는 반드시 '선'을 선택해야 합니다.

제가 심리학을 비판하는 이유는 간단합니다. 심리학은 개인이 다양한 심리학적 도구를 활용해 자기 자신을 찾고 계발하도록 돕는 일에는 도움을 줄지 모르지만,

개인을 윤리적·사회적으로 성숙시키지는 못하기 때문입니다.[4] 오히려 심리 치료가 시작된 이래로 100년간 우리 삶이 점점 나빠지고 있다는 주장도 있습니다.[5] 심리학은 우리가 자기계발을 하거나 무언가를 배우거나 자아실현을 추구할 때는 지나칠 정도로 유용하지만, 쓸모없는 것은 완전히 무시합니다. 우리가 일반적으로 말하는 심리학, 적어도 심리학의 일부는 우리 사회의 도구화 현상뿐 아니라 지나치게 자기중심적인 문화, 더 나아가 노골적인 나르시시즘을 심화시키는 데도 기여합니다.

그러므로 이 책에서는 쓸모없다는 바로 그 이유에서 쓸모가 있는, 비도구주의적 사고방식을 보여주는 철학적 사고에 주로 의지하려 합니다. 강박적으로 모든 것에서 쓸모를 찾는 현대사회에서, 오직 쓸모없는 것만이 우리가 의미를 되찾도록 돕는 데 쓸모가 있을 테니까요. 그리고 제가 보기에 그 어떤 학문이나 사고방식도 철학보다 더 쓸모없지는, 역설적으로 그래서 더더욱 우리에게 중요한 것은 없을 것 같습니다.

여기서 다루려는 철학은 뭘까요? 철학과 심리학의

경계를 나누는 일, 그러니까 어느 지점에서 철학이 끝나고 심리학이 시작하는지 정의하는 일은 결코 쉽지 않습니다. 어떤 의미에서 심리학을 포함한 모든 학문은 철학에서 나왔기 때문에, 철학의 범주를 정의하는 일은 그 자체로 거대한 철학적 난제지요. 이 책에서는 그런 것을 하나하나 따지지 않겠습니다. 대신 철학적 사고를 써서 도구화와 효용주의적 사고에 맞서 인생의 의미를 되찾을 수 있는 단단한 인생철학을 만들어내려 합니다.

거기에는 물론 철학의 정체가 무엇인지 돌아보는 과정도 포함됩니다. 우선 미국의 저명한 철학자 스탠리 카벨이 제안한 단순한 정의에서 출발해볼까요. 그는 철학이 어른을 위한 교육이라고 말했습니다.[6] 그의 의견에 따르면 우리가 태어나고 자라서 삶과 죽음, 사랑을 비롯한 중대한 실존적 문제를 성찰하기 시작할 때, 철학은 우리가 이런 문제를 '자기교육'이라는 현실적인 과제의 일부로 더 큰 맥락에서 성찰할 수 있도록 도와줍니다.

이처럼 우리 사고를 더 큰 맥락에서 이해하는 과정이 있을 때, 우리는 도구화에 저항하고 올바른 관점에서 의미 있는 삶이 무엇인지 묻는 질문에 접근할 수 있습니다. 철학은 우리가 더 깊이 파고들어 기존의 믿음을 흔들도록, 심리학 같은 학문이 미처 닿지 못하는 불편한 질문을 계속해서 묻도록 도와줍니다. 심리학자는 이렇게 말합니다. "우리는 질문지로 행복을 측정할 수 있다! 그리고 그렇게 하면 사람들은 최적의 안녕을 이룰 수 있고, 더 생산적으로 일할 수 있다!" 그러면 철학자는 이렇게 묻습니다. "그런데 그게 진짜 행복이야? 그게 진짜 의미 있는 일이야?" 철학자는 문제의 본질을 계속 파고들어, 언제나 적절하고 비판적이면서 꼭 필요한 질문을 던지는 역할을 합니다.

철학사 연구자 피에르 아도의 표현에 따르면 철학적 성찰의 목적은 우리가 '철학적 삶'을 살 수 있도록 합니다.[7] 현대 학문 분과에서 철학은 분석적인 학문이지만, 원래 고대 그리스 시대에서는 삶을 살아가는 방식이었습니다. 개인이 좋은 삶을 살도록 돕는 윤리학이나 좋은 사회를 만들도록 돕는 정치학이 철학의 한 분과였다는 사실은 삶의 방식으로서 철학의 면모를 잘 보여주는 예지요. 이런 맥락에서 철학은 무엇이 의미 있는 삶을 만드는지 성찰하도록 돕습니다.

이 책은 바로 삶의 방식으로서 철학을 되살리려 합니다. 플라톤학파, 에피쿠로스학파, 스토아학파, 견유학파 같은 모든 고전 철학 학파의 원래 목적은 바로 '파이데이아paideia'입니다. 파이데이아는 이상적인 시민을 기르고 윤리적인 인간을 만드는 교육을 뜻합니다. 달리 말하면 우리가 인간의 본성대로 살도록 돕는 일이지요. 다른 나라보다 좀 더 경쟁력 있는 인재를 기른다는 식의 목적을 위한 수단이 아니라, 그 자체로서 목적을 지닌 활동이지요.

플라톤과 그를 따랐던 많은 철학자에 따르면, 지혜에 대한 사랑을 뜻하는 철학의 원천은 호기심입니다. 우리는 왜 세상에 무엇인가 존재하는지, 왜 전지전능한 신이 있는데도 악이 있는지, 무엇이 선을 선으로 만드는지 궁금해합니다. 철학이 호기심에서 나온다는 플라톤의 출발점은 틀리지 않지만, 저는 개인적으로 현대 철학자 사이먼 크리츨리의 의견도 그 못지않게 타당하다고 믿습니다.

　크리즐리는 철학이 실망감에서 나왔다고 말합니다.[8] 우리 마음 한편에는 사회가 정의롭지 않다는 실망감이 있습니다. 우리가 사는 이 '폭력적이며 불공정한 세상'에서는 선이 끝끝내 승리할 때가 드물고, 악인이 행복하게 살기도 합니다. 하지만 이처럼 현실이 정의롭지 않다는 실망이 정치철학에 대한 필요를 낳고, 더 나은 세상을 만들려는 열망을 낳을 수 있다는 것이지요. 다른 한편으로 크리즐리는 철학은 신이 없다는 것에 대한 실망감에서도 나온다고 말합니다. 이는 앞에서 살펴본 우디 앨런의 문제의식과 출발점이 맞닿아 있어요. 그러니까 우리가 사는 우주에서 삶의 의미를 보증하는 존재를 찾지 못하고 철학에서 그 답을 찾으려 한다고 말합니다.

　19세기 말 철학자 프리드리히 니체는 종교의 절대적 권위가 무너진 '신의 죽음'이라는 현상과, 그로 인한 의미의 상실이라는 사회적 변화에 응답해 명성을 얻었습니다. 니체는 신의 죽음이 허무주의로 이어질 수 있다는 점을 분명히 인식했습니다. 달리 말해 사람들은 스스로 새로운 삶의 의미를 탐구하는 질문을 던지는 게 아니라, 삶의 무의미를 대놓고 주장하거나 숭배하는 경향으로 치우칠 수 있다는 것입니다.

니체 또한 그러한 허무주의의 숭배자가 아니냐는 비판에서 자유롭지 못했습니다. 물론 그런 편견과 달리 허무주의는 결코 니체가 가졌던 태도가 아니었지만요. 오히려 그는 허무주의가 영향력을 늘려나가는 일에 적극적으로 대응했습니다. 허무주의자는 모든 가치가 근거 없고, 공허하다고 주장합니다. 니체는 이러한 허무주의의 위협에서 인류를 보호하기 위해 가치, 특히 기독교 가치의 본질을 비판하고 재평가하려 했습니다.

허무주의 극복하기

저는 니체의 관점을 전적으로 따르지는 않습니다. 하지만 허무주의에 대한 니체의 사유는 받아들이고 있

습니다. 오늘날 우리 사회에 만연한 도구화 현상은 사실
상 허무주의적입니다. 아무것도 그 자체로 목적이 될 수
없다고 여기기 때문입니다.

몇 가지 예를 들어볼까요? 현재 덴마크는 입헌군주
제를 채택하고 있습니다. 많은 입헌군주국이 그렇듯, 오
늘날 왕실이 정말 필요한지에 대한 사회적 논의가 오가
는데, 그 존속 여부를 경제적 가치 측면에서 옹호하거
나 반대하는 경우가 많습니다. 굉장히 흥미로운 현상인
데요. 왕실 제도의 장단점에 대해서는 정말 다양한 관점
과 의견이 있을 텐데, 주로 경제적 가치만 두고 논의를
하는 거지요. 그런데 경제적 가치가 그렇게 중요할까요?
모든 제도를 평가하는 기준이 현금 가치가 되어야 할까
요? 궁극적으로 이런 도구주의적 사고는 모두 허무주의
적입니다. 끊임없이 가격과 효율성만 따져서 아무것도
그 자체로 가치가 있게 놔두지 않으니까요.

오늘날 우리는 또 하나의 문제를 마주하고 있습니
다. 삶의 의미를 보장해 줄 신이 없는 상황에서 허무주
의를 극복해야 하는 거지요.[9] 물론 사람들은 여전히 종

교를 갖기도 하고, 신을 말하기도 하지만, 대부분은 신이라는 개념에만 기대 우리 삶의 의미를 찾는 일이 불충분하다고 느낍니다. 신이 존재하니까 의미도 존재한다는 주장은 '진짜 의미 있는 것은 무엇으로 구성되는가'라는 질문을 회피할 뿐이니까요.[10] 종교적 믿음을 비판하려는 말이 아닙니다. 단지 신을 거론한다고 해서 자동으로 삶의 의미를 묻는 질문에 답할 수 없다는 사실을 강조하는 것이지요. 신이 존재하냐는 질문과 삶에 의미가 있냐는 질문은 근본적으로 완전히 다릅니다. 예를 들어 신이 의미 없는 우주를 창조했을 수도 있습니다. 몇몇 실존주의 신학자들이 주장하듯 말이지요. 논리적으로도 우리는 신 없는 의미와 의미 없는 신 두 가능성을 모두 생각해볼 수 있습니다.

크리츨리는 허무주의를 두 형태로 구분합니다. 하나는 적극적 허무주의로, 우리가 아는 세상을 파괴하고 새 세상을 창조하자고 부르짖으며 무의미에 대응합니다. 자연스럽게 정치적인 성향을 띠는데, 가장 극단적인 형태는 1970년대 서독의 극좌파 테러조직 바더 마인호

프나 이탈리아의 극좌파 테러조직 붉은 여단, 또는 오늘날 알카에다와 IS 같은 이름으로 움직이는 테러단체를 들 수 있습니다. 이들은 현대 자본주의 세계는 의미가 없으므로 파괴해야 하며, 그 자리에 공산주의적 또는 종교적 유토피아를 세워야 한다는 폭력적인 논리를 내세웁니다.

이와는 반대로 소극적 허무주의도 있습니다. 사회에 훨씬 널리 퍼져 있는 경향이지요. 크리츨리에 따르면 이러한 소극적 허무주의자는 삶의 무의미를 감당하기 위해 '섬'으로 도피합니다. 그는 유럽 불교를 예로 들며, 어떻게 이 동양의 전통이 유럽에서는 자기중심적 자기계발 논리로 변질되는지 언급합니다. 자아 바깥에 있는 세상 모든 것이 의미 없다는 깨달음은 소극적 허무주의자가 주관주의에 몰두하도록 만듭니다. 자기 내면에서 좋다고 느끼는 것을 좇아 주관적 감정과 자아실현에만 집중하게 하지요. 이때 소극적 허무주의는 일종의 순수한 주관주의로, 세상 모든 일과 다양한 특징을 개인에게 미치는 심리적 영향 정도로 축소시켜버립니다. 또한 개

인은 이런 심리적 영향을 능숙하게 관리함으로써 스스
로 신에 가까운 존재가 될 수 있다고 여깁니다. 앞에서
말한 대로, 그렇게 해서 개개인의 자아가 우주의 중심이
되어 신의 자리를 대신 차지하는 거지요.

우리는 삶의 의미를 개인이 느끼는 행복한 경험 같
은 것으로 쉽게 착각하고는 합니다. 그러나 많은 사람
이 이런 생각의 공허함을 알아차렸습니다. 이들은 아마
사뮈엘 베케트의 유명한 부조리극『고도를 기다리며』의
등장인물 에스트라공처럼 묻고 싶을 것입니다.

"우리는 행복해. (침묵) 행복하니 이제 무얼 할까?"
그러자 블라디미르가 대답합니다. "고도를 기다려."[11]

오늘날 우리가 행복이라 부르는 것은 삶의 의미와
는 상당히 다릅니다. 왜냐하면 오늘날의 행복이란 '주관
적 안녕감'이나 '자아실현' 같은 심리학 개념을 토대로
한 주관주의적 감정에 불과하기 때문입니다. 반대로 저
의 기본 입장 중 하나는 의미가 개인의 내면이 아니라,
우리가 속한 사회에서 일어나는 현상으로부터 나온다는
것입니다. 저는 이러한 현상들을 우리 삶을 지탱하는 실

존적 관점이라 부르겠습니다.

우리는 지금까지 도구화를 극복하는 일과 허무주의에 저항하는 일이 같다는 사실을 확인했습니다. 여기서 명심해야 할 것은 도구화를 극복하는 과정은 일상이나 현실 차원에서 이루어져야 한다는 점입니다. 그래야 우리가 허무주의를 극복하고 삶의 의미를 되찾을 수 있으니까요.

구체적으로 어떻게 하라는 말일까요? 종교 경전이나 현대의 자기계발서는 우리에게 실용적인 조언을 하는 데 뛰어납니다. 주로 간결한 격언을 통해 우리가 기억해두고 삶의 지침으로 삼을 수 있는 말을 하지요. 이런 격언은 '상징 자원'의 역할을 합니다. 우리가 생각이나 감정, 행동을 규제할 때 쓰는 지침이 되지요.[12] 예컨대 기독교인들은 어려운 선택의 순간에 부딪혔을 때 '예수님이라면 어떻게 했을까?'라고 물으며 이상화된 예수를 상징 자원으로 쓸 것입니다. 우리가 깜깜한 밤에 혼자 집으로 걸어갈 때 흥겨운 노래를 흥얼거리며 스스로를 안심시키는 것도 일종의 상징 자원이지요.

저는 서로 다른 시대를 살았던 여러 철학자의 10가지 관점을 제시하려 합니다. 이 10가지 관점이 오늘날 삶의 의미를 되찾길 바라는 많은 이에게 중요한 상징 자원으로 쓰이길 바랍니다.

일반적으로 관점은 삶과 구체적으로 연결되면서 우리를 생각하게 하고 움직이게 하는 입장을 일컫습니다. 그러나 이 책에서 저는 관점을 구체적인 입장보다는 은유적인 용어로 사용하려 합니다. 어떤 현상이 내적 가치를 드러낼 수 있는 곳, 그리하여 의미가 솟아나는 오아시스 같은 것으로 말입니다. 우리가 살아가는 도구화된 능력주의 사회에서는 제가 제시하려는 태도나 관점이 다소 유토피아적이라고 생각할 사람도 있을 겁니다. 그러나 이 관점들은 유토피아적 이상과는 분명히 다릅니다. 어원을 살펴보아도 유토피아는 그리스어로 '어디에도 존재하지 않는 장소'라는 뜻이지만, 관점은 삶 속에 진짜 존재하니까요. 우리는 도구적 사고에 의존하지 말고, 삶에서 우러나온 이러한 관점들을 토대로 의미 있게 살아가는 법을 배우기만 하면 됩니다.

이 10가지 생각은 무엇이 우리 삶에서 진짜 중요하고 의미 있는지를 상기시켜줍니다. 이것을 통해 그 자체로 그냥 가치 있는 것이 있으며, 그것이 우리 존재와 삶에 의미를 부여해주는 본질적 요소라는 걸 이해하면 좋겠습니다.

이 책은 철학자 한 사람 한 사람의 생각을 깊이 있게 분석하기를 바라는 이들을 위한 것이 아닙니다. 책에서 다루는 10가지 관점을 통해 서로 이질적인 철학을 높은 차원에서 통합하리라 기대해서도 안 되고요. 이러한 관점들은 앞서 말한 것처럼 오늘날 삶의 의미를 성찰하고 실존적 영감을 얻을 수 있는 일종의 오아시스니까요. 저는 따로따로 구분된 학파의 철학자들도 실은 서로 아주 많은 대화를 나누고 있다고 믿습니다.

저는 이 책을 통해 우리가 각자 동떨어진 개별적인 존재가 아니라 서로에 대한 의무로 깊게 연결되어 있으며, 다른 존재와의 끊임없는 만남 속에서 삶의 진정한 가치가 드러난다는 점을 이야기하려 합니다. 이러한 관점에 따르면, 인간은 자기 내면만 바라보는 '자기-내면

통찰self-insight' 못지않게 앞으로 살펴볼 '자기-외면통찰 self-outsight'이라 부를 방법을 통해서도 자기 자신이 됩니다. 자기 자신의 바깥을 바라봄으로써 말입니다.

삶을 의미 있게 만들어줄 10가지 관점

앞으로 우리는 철학자들의 10가지 생각을 하나씩 다룰 것입니다. 장마다 생각의 배경이 되는 사상을 설명하고, 그 생각이 우리 시대의 흐름과 어떻게 연결되는지 살펴보겠습니다. 저는 이 '쓸모없는' 생각들이 여러분의 삶에 정말로 쓸모 있기를 바랍니다. 그러니까 삶에서 가장 의미 있는 것은 사실 쓸모없는 것처럼 보이는 경우가 많다는 깨달음을 전할 수 있길 바랍니다. 그 자체로 가치 있기 때문에 우리가 기댈 만한 단단하고 기본적인 토대가 되어주는 10가지 생각과 철학을 소개한 뒤, 이들이 의미 있는 삶에 대해 우리에게 무얼 말해줄 수 있는지 간추려 설명하겠습니다.

'무엇이 삶의 의미를 구성하는가'라는 질문에 단 하나의 대답만 기대해서는 안 됩니다. 그 대신 저는 이 질문을 두고 활발하게 논의할 수 있는 다양한 방법을 제시하려 합니다. 중요한 가치들이 철저하게 도구화된 오늘날, 의미 있는 삶을 살아가는 데 꼭 필요한 생각들을 제시하겠습니다.

여기에 제시한 10가지 생각은 여러 철학자에게 빌려왔고 종종 격언처럼 표현되기도 합니다. 우리가 삶을 통과하는 동안 간단하게 외워서 마음에 간직할 수 있는 비교적 짧은 문장들이지요. 이 생각은 우리가 사는 시대와 무척 밀접하게 연결되어 있습니다. 그것들이 단지 오래되었다는 이유만으로 쓸모없고 나쁘다고 할 수는 없지요. 이 책에서 오래된 생각들을 짧은 격언으로 요약한 것은 고전 철학의 방식과도 잘 맞습니다. 바로 '삶의 방식' 또는 '삶의 기술'로서의 철학 말입니다.

앞으로 제시할 10가지 관점은 그런 격언들의 목록입니다. 여러분이 이 격언들의 배경이 되는 생각을 삶과 연관지어 이해하고, 무엇이 인생에서 진짜 중요하고 의미 있는지 발견하도록 돕는 것이 책의 목적이지요.

오늘날 우리의 머릿속은 여기저기 흘러나오는 유행가나 이런저런 광고 문구로 가득 차 있습니다. 하지만 우리가 삶의 의미를 되찾는 일에, 그리고 삶의 방식으로서의 철학에 관심이 있다면, 여기서 소개하는 10가지 관점 가운데 몇 가지만이라도 지속적으로 성찰하는 것이 좋습니다. 처음부터 순서대로 접할 수도 있지만, 여기저기 건너뛰면서 가장 관심을 끄는 부분부터 살펴도 좋습니다. 내용이 짤막해서 살피는 데 오래 걸리지 않을 겁니다. 또한 바라건대 여러분이 이 10가지 관점에 대해 스스로 생각하는 데 더 많은 시간을 보냈으면 합니다.

책을 다 읽고 난 뒤, 되도록 많은 분이 자기 삶에서 굳게 딛고 설 만한 관점이 무엇인지 이야기할 수 있으면 좋겠습니다. 궁극적으로는 인생의 그 어떤 것도 의미가 없다는 우디 앨런의 맥 빠지는 주장에 말대꾸를 할 수 있게 되면 좋겠습니다. 그의 영화는 근사한 오락거리이기는 하지만, 우리는 허무주의로부터 자기 자신을 보호할 다른 방법도 배워야 합니다. 오락이나 쾌락은 해결책이 아니라 오히려 문제의 일부라는 것을 깨닫고, 내 삶을 의미 있게 만드는 데 필요한 정신적 무기를 든든하게 얻어갈 수 있다면 좋겠습니다.

저는 현대사회에 넘실대는 도구화의 물결이 삶을 어떻게 위협하는지 우리가 끊임없이 토론해야 한다고 믿습니다. 앞에서 언급한 것처럼 여기서 제시하는 10가지 생각은 '자기-외면통찰'을 돕기 위한 것입니다. '자기-내면통찰'이 중요하지 않다는 말이 아닙니다. 우리 내면을 통찰하는 일 역시 자기 바깥을, 바로 인간으로서 우리가 서 있는 삶의 토대를 바라볼 수 있는 능력에 근거해야 한다는 뜻입니다. 자, 그럼 지금부터 쓸모를 증명하지 않는 삶을 위한 10가지 관점에 대해 이야기를 시작하겠습니다.

1장

손익만 따지는 삶은
빈곤하다

아리스토텔레스의 선

"우리 안에 있는 최고의 것에 걸맞은 삶을 살기 위해 최선을 다해야 한다"

– 아리스토텔레스

여러분은 비행기를 타면 주로 뭘 하시나요? 저는 기내 잡지를 아주 사랑합니다. 비좁은 비행기 좌석에 몸을 비틀며 앉아 인터넷도 사용하지 못할 때, 할 수 있는 몇 안 되는 오락거리가 바로 좌석 앞주머니에 꽂힌 잡지를 읽는 일이거든요. 최근에는 스칸디나비아항공의 《스칸디나비안 트래블러》를 읽다가 아주 흥미로운 특집을 발견했습니다. 바로 저의 철학적 호기심을 자극하는 '선the good'을 주제로 다루고 있었죠. 이른바 '선 특별호'는 해당 주제를 다양하게 다룬 기사로 채워져 있었습니다.

그중에서 가장 흥미로운 것은 「우리는 왜 선해져야 할까?」라는 제목의 기사였습니다.[1] 수천 년 동안 수많은 위대한 철학자가 씨름한 문제였지만 이 기사는 그 가운데 어느 것 하나 인용하지 않고, 대신 현대 심리학을 참고하는 쪽을 택했습니다. 기사에서는 우리가 선해져야 하는 다섯 가지 대답을 제시했는데요. 그 이유는 다음과 같습니다. 첫째, 베풀 때 행복을 느낀다. 둘째, 베풀 때 우리도 받을 수 있다. 셋째, 다른 사람이 감사하는 마음을 품게 한다. 넷째, 건강에 좋다. 다섯째, 베푸는 일은 전염성이 있어서 다른 사람에게도 베풀게 만든다.

마지막 이유는 베푸는 사람 자신을 위한 혜택이 아니긴 하지만, 나머지 이유는 모두 도구적입니다. 남에게 베푸는 일이 우리를 행복하고 건강하게 만들어주기 때문에 해야 한다는 지극히 주관적이며 자기중심적인 태도죠. 물론 선행을 하면 이득이 생긴다는 것은 좋은 소식입니다. 그러나 그게 진짜 우리가 선해져야 하는 이유일까요?

본능에 지배당하지 않기 위하여

지금부터 소개할 위대한 반도구주의 사상가 중 하나인 아리스토텔레스라면 틀림없이 아니라고 답할 것입니다. 그는 세상 모든 것을 행복과 건강 같은 이득을 재는 저울로만 측정해서는 안 되며, 이득 여부와 관계없이 우리가 해야만 하는 일들이 있다고 말합니다. 예를 들어 우리가 다른 사람에게 친절을 베푸는 것은 그 자체로 의미와 존엄성이 있는 행동입니다. 그런 행동을 하는 건 우리가 건강해지거나 행복해지기 위해서가 아닙니다. 그러나 정작 우리는 다른 사람이 도와달라고 요청하면 그 일이 정말 할 만한 가치가 있는지를 생각하기보다는 '나한테 어떤 도움이 될까?'라고 묻게 됩니다. 그래서 저는 우리 삶을 의미 있게 하는 첫 번째 관점으로, 우리 사회 전반에 침투해 있는 관점과는 정반대의 '선'을 제안하려 합니다. 이 첫 번째 관점은 이 책의 다른 생각들을 지탱하는 대단히 중요한 논지이기도 합니다.

서양 철학사에서 가장 중요한 사상가들인 플라톤과 아리스토텔레스에서 이야기를 시작해보겠습니다. 아리스토텔레스는 플라톤의 아테네 학당에서 공부했으며, 스승이 세상을 떠난 뒤 알렉산드로스 대왕을 가르쳤습니다. 자신의 철학 학교를 세웠으며 사실상 과학과 철학의 거의 모든 질문을 다룬 철학자입니다. 로마제국 몰락이후 수백 년간 서양에서 잊혔지만 그의 저술을 잘 보존해둔 아랍 학자들 덕택에 재발견되었지요. 중세 시대의 중요한 지적 과제는 이렇게 재발견한 아리스토텔레스의 철학과 과학을 기독교와 화해시키는 일이었습니다.

플라톤과 아리스토텔레스는 스승과 제자 사이지만 사상에서는 서로 큰 차이가 있습니다. 플라톤은 스승 소크라테스의 목소리를 빌려 자신의 철학을 펼쳤는데요. 영원불변의 이데아(형상)로 구성된 이상적인 세상을 가정하면서, 우리의 경험은 그 이상적인 세상의 희미한 그림자에 불과할 뿐이라고 주장했습니다. 또한 그는 영혼의 불멸을 믿었지요. 그러나 아리스토텔레스는 인간의 몸과 영혼은 서로 떼어낼 수 없게 하나로 연결되어 있다고 말합니다("영혼은 살아 있는 몸의 형상이다"). 몸이 죽으면 영혼 역시 존재할 수 없다고 생각했습니다.

이러한 두 사람의 입장 차이는 르네상스 화가 라파엘로의 유명한 그림 「아테네 학당」에도 잘 표현되어 있습니다. 모든 위대한 철학자가 모여 있는 이 그림에서 플라톤과 아리스토텔레스는 한가운데에 서 있습니다. 플라톤은 하늘 위 영원한 이데아를 손으로 가리키는 반면 아리스토텔레스는 지상을 가리키며 손을 아래로 내뻗고 있습니다. 아리스토텔레스의 좌우명은 아마 "지상에 믿음을 가져라"였을 것입니다. 그로부터 2000년 뒤 니체가 등장할 때까지 거의 나타나지 않은 생각이지요.

아리스토텔레스는 사람이 본능에만 지배당하지 않는다고 말합니다. 우리는 이성적인 판단력을 통해 어떤 선택을 하는 게 옳은 행동인지 결정할 수 있습니다. 생물학적 충동에만 이끌리지 않지요. 윤리적 기준을 비롯해 다양한 동기를 통해 움직입니다. 하지만 그렇게 행동하려면, 우리가 그렇게 사고하고 행동하는 법을 배워야만 합니다. 다시 말해 고대 그리스의 폴리스 같은 조직된 정치 공동체가 있어서, 그 안에서 인격을 형성하고 덕arete을 학습해야 하지요. 그리스인들의 표현을 빌리면 도시국가가 사람을 형성한다는 것이지요. 우리는 인격을 형성할 수 있는 안정적인 사회구조 안에서만 진정한 의미에서의 사람이 될 수 있습니다.

아리스토텔레스의 철학은 오늘날 사회에 만연한 도구화 문화, 그리고 삶의 의미나 가치가 무엇인지 묻는 우리의 질문에 중요한 답을 줍니다. 그의 인간관이 담긴 유명한 책 『니코마코스 윤리학』의 서론을 정리하면 이렇습니다. 인간의 모든 활동은 어떤 선(좋음)을 지향합니다. 그런데 우리가 하는 활동 중에는 목적이 그 활동 바깥에 있는 것도 있지만 활동 자체가 목적인 것도 있습니다. 그것이 바로 선(좋음 그 자체)이지요. 그는 이렇게 말합니다. "의술의 목적은 건강이고, 조선술의 목적은 좋은 배를 만드는 것이며, 군사학의 목적은 승리이고, 경제학의 목적은 부를 쌓는 것이다."[2] 우리는 이 문장을 확장시켜 건강이나 승리, 부도 다른 것을 위한 수단인지, 아니면 그 자체로 목적일 수 있는지 물을 수 있습니다.

원래 『니코마코스 윤리학』은 청중을 선한 사람이자 시민으로 교육하기 위해 쓴 원고였습니다. 무엇이 우리가 추구하는 선, 행복eudaimonia('좋은eu'과 '영혼daimon' 이 결합된 그리스어로 주로 '행복'으로 옮겨진다. 아리스토텔레스는 삶의 목적이 행복이라고 보았으며, 이때 행복은 인간 고유의 본성이 발현되는 데 있다고 여겼다—옮긴이)인지, 또 그 선을 성취하는 데 필요한 덕과 품성은 무엇인지를 탐구한 책이지요. 아리스토텔레스는 이렇게 묻습니다. 그 자체를 목적으로 하는 활동에 참가하려면 어떤 품성이 필요할까? 그런 품성은 어떻게 개발할 수 있을까? 그리고 구체적으로 그런 활동에는 어떤 것이 있을까? 의미 있는 삶이 그 자체로 가치 있는 활동에 참여하는 삶이라는 이해가 옳다면, 아리스토텔레스의 윤리학은 궁극적으로 무엇이 의미 있는 삶을 구성하며, 우리가 어떻게 그런 삶을 살 수 있는가 하는 실천의 문제를 다룹니다.

쓸모없음 속에 담긴 행복의 본질

그 자체를 위해 몰두하는 활동이 무엇인가라는 질문에 대한 아리스토텔레스의 대답은 주로 윤리적 행위라 부를 만한 쪽을 가리킵니다. 그가 생각하는 의미 있고 잘 사는 삶, 그리고 행복은 선한 행동을 하는 삶입니다. 선한 행동은 그 자체로 목적이며 행복의 핵심 요소입니다. 예를 들면 곤경에 처한 누군가를 돕는 일이 선한 행동인 이유는 그 일을 한 사람에게 물질적 보상이 따르기 때문이 아니라(물론 이런 결과들을 낳을 수도 있지만요) 그 행위 자체가 선하기 때문입니다.

아리스토텔레스는 윤리적인 행동뿐 아니라 진리에 대한 관조 역시 그 자체로 목적인 활동으로 꼽았습니다. 인간은 이성의 동물이기에 그런 고유한 능력을 활용해 논리적으로 생각하고 행동할 때 비로소 의미 있는 삶을 산다고 할 수 있지요.

아리스토텔레스에 따르면 이성은 실천(선한 행동)인 동시에 이론적 탐구(존재와 우주에 대한 관조)입니다. 진리에 대한 관조가 그 자체로 목적이라는 말이 이상하게 들릴지도 모르겠지만, 사실 꽤 단순합니다. 과학자가 아니어도 사람들은 TV에서 물리학이나 생물학 같은 과학 다큐멘터리 시청을 즐깁니다. 저 역시 아이들과 함께 이런 프로그램을 종종 보지요. 저나 아이들이 여기서 배운 지식을 당장 쓸 일은 없겠지만, 우주의 기원과 진화, 종의 진화, 우주에서 인간의 위치와 같은 지식을 배우는 것에는 근본적으로 중요한 부분이 있습니다. 저는 유명한 논픽션 작가 빌 브라이슨이 쓴 『거의 모든 것의 역사』라는 책을 좋아하는데요. 이 책의 내용이 굉장히 철저하고 심오해서 좋아하는 건 아닙니다. 우주의 역사를 한 권으로 쉽게 정리했으니 당연히 그럴 리 없지요. 다만 이 책을 읽으면 우주의 복잡성을 이해하게 되고, 우리도 그 일부라는 사실을 깨닫게 됩니다.

아리스토텔레스라면 아마 이런 지식의 '쓸모없음'이야말로 최고의 미덕이라고 말할 것입니다. 그 지식은 다른 것을 성취하기 위해서가 아니라, 그 자체를 위해 습득하는 것이기 때문이지요. 과학 프로그램을 보거나 브라이슨의 책을 읽는 것은 훗날 스토아학파 철학자들도 장려했던 '수련'의 훌륭한 사례로 볼 수 있습니다.

스토아학파 철학자들은 우리가 더 큰 전체(우주)의 일부라는 사실을 인식하려 애썼습니다.[3] 이런 인식이나 지식은 다른 목적이 없습니다. 우리가 윤리적인 행동을 할 때 그 행동 말고 다른 목적이 없는 것과 마찬가지지요. 아리스토텔레스의 사상에서 중요한 것은 선을 그 자체로 가치 있는 것이라고 정의한 점입니다. 이런 의미에서 선은 일반적인 효용성의 관점에서는 쓸모없는 것으로 구성되며, 또한 역설적이게도 쓸모없기 때문에 쓸모 있다고 말할 수 있습니다.

아리스토텔레스가 말하는 '쓸모없음의 쓸모'라는 개념을 이해하려면 『니코마코스 윤리학』을 읽는 것도 좋은 방법입니다. 이 책에는 우정의 중요성을 분석한 부분이 있습니다. 아리스토텔레스는 우정을 세 유형으로 구분하는데요. 효용성에 토대를 둔 쓸모 있는 우정과 즐거운 우정, 그리고 선에 토대를 둔 고귀한 우정이 그것입니다.

먼저 효용성에 토대를 둔 우정의 가장 뚜렷한 사례는 우리가 링크드인 같은 비즈니스 인맥 사이트에서 맺는 관계입니다. 이 관계의 목적은 직업과 관련된 인맥을 맺는 것이지요. 본질적으로 효용성을 추구하는 활동입니다. 관계를 통해 서로에게 혜택을 주지만, 오로지 얻을 이득이 있을 때에만 가치가 있으므로 순전히 도구적인 관계입니다. 이런 관계에는 본질적인 가치는 없고 오직 효용적인 가치만 있습니다.

즐거움을 토대로 한 우정도 비슷합니다. 단지 관계를 지속하는 힘이 경제적 이득이 아니라 즐겁고 유쾌한 감정에 있다는 점만 다를 뿐이지요. 일단 재미있고 유쾌하기 때문에 관계를 시작하지만, 언제든 그런 감정이 없어지면 굳이 관계를 이어갈 이유가 사라집니다. 아리스토텔레스에 따르면 효용성과 즐거움을 토대로 한 우정은 진정한 의미의 우정이 아닙니다. 오로지 도구적인 관점에서만 그 관계가 유지되기 때문이지요. 반면에 고귀한 우정은 효용성이나 즐거움 같은 이익이 아니라, 그저 상대방이 잘되기를 바라는 마음에서 비롯됩니다. 달리 말해, 고귀한 또는 진짜 우정은 그 자체로 좋습니다.

아리스토텔레스는 이런 친구를 많이 갖는 건 아마 불가능할 것이라고 말합니다. 굉장히 설득력 있는 말입니다. 우리가 페이스북이나 인스타그램에서 맺은 '친구'가 500명 넘게 있다고 하더라도, 늘 믿고 의지할 수 있는 진짜 친구는 그보다 훨씬 적으니까요. 우리는 친구를 사귀면서 무언가를, 그러니까 효용성과 즐거움뿐 아니라 다른 이익도 얻을지 모르지만 그렇다고 그것이 우정의 본질이라고 정의할 수는 없습니다. 이를테면 우리는 타일을 직접 깔지 못할 때 기술자들에게 그 일을 맡겨 쓸모를 얻습니다. 발레 공연의 댄서를 보면서는 미적인 즐거움을 얻지요. 쓸모 있거나 즐거움을 준다고 그 기술자나 댄서가 우리의 친구는 아니지요.

효용성과 즐거움 같은 도구적 가치는 철학 용어로 표현하면 '우연적'인 것들입니다. 운이 좋다면 우정을 통해서 얻을 수 있지만, 그렇다고 그런 도구적 가치가 우정의 본질을 정의할 수는 없습니다. 그 성격을 정의하는 것은 오직 내적 가치, 또는 본질적 가치뿐입니다. 예를 들어, 어린 학생이 하루에 45분씩 운동을 했을 때 학습 능력이 향상되는 것은 우연적 가치지만,[4] 우리가 몸을 움직이고 활동을 해서 건강을 유지하는 것은 훨씬 본질적인 것입니다.

어쩌면 인간은 이익이 되든 안 되든 상관하지 않고, 상대가 잘되기를 바라는 소망만을 토대로 우정을 쌓을 수 있는 유일한 생물일 것입니다. 다른 많은 종이 맺는 복잡한 사회적 관계의 토대는 지배와 번식이니까요. 그런데 아마 몇몇 분들은 인간에게 과연 비도구적 관계를 맺을 능력이 있는지 의심할지도 모르겠습니다. 예를 들어 허무주의자라면 우정은 그 자체로 의미가 없다고, 인간 역시 우정을 통해 다른 무언가를 얻으려 할 뿐이라고 주장할 것입니다.

그러나 아리스토텔레스는 비도구적 관계가 가능하다고 말합니다. 그런 관계를 맺는 능력이야말로 인간을 정의하는 본질적인 특징이라 말하지요. 비도구적 관계가 가능하지 않다면 우리는 다른 동물과 다를 바가 없는, 그저 진화가 많이 된 원숭이에 불과할 테니까요.

어떤 가치는 타인의 인정이 필요하지 않다

오늘날 대부분의 사람이 생각하는 정말 선하고 의미 있는 것은 아리스토텔레스의 생각과 똑같지는 않을 것입니다. 대부분 허무주의적이거나 주관주의적 관점으로 더 기우는 경향이 있죠. 가치나 의미 같은 것이 정말 있다고 해도 결국 주관적이라고 생각하지요. 이런 관점에서는 다른 우정보다 더 진실한, 진정한 우정 같은 것은 없습니다. 누군가 효용성이나 즐거움으로 우정을 정의한다면, 그 사람에게 우정이란 그런 것일 테니까요.

허무주의자들은 선하고 의미 있는 삶을 구성하는 것이 무엇인지, 다른 사람과 의미 있는 관계를 맺는다는 것이 무엇인지 결정하는 일이 순전히 개인에게 달려 있다고 봅니다. 무엇이 선이냐는 문제가 진짜 취향의 문제에 불과하다면 이런 주관주의가 옳겠지요. 그리고 자유주의 경제학자 밀턴 프리드먼의 말처럼, 그런 주관주의적 입장에서는 기본적인 가치를 둘러싼 근본적 차이에 관해 사람들은 끝내 타협하지 못하고 싸울 수밖에 없을 것입니다.

　반대로 개인이 주관적으로 인정하든 말든 선한 것이 따로 존재한다는 아리스토텔레스의 관점이 옳다면, 우리에게는 이성적으로 선의 가치를 논의할 가능성이 열립니다. 가치에 대한 우리의 주관적 태도를 다른 사람에게 들이밀며 싸우는 대신에 말입니다. 아리스토텔레스 철학에 따르면 주관주의는 틀렸습니다. 모든 것은 그것이 지닌 목적에 따라 정의되기 때문입니다. 예를 들어 심장은 근육이며, 심장의 목적은 몸 곳곳에 혈액을 펌프질해서 보내고 세포에 산소와 영양을 공급하는 것입니다. 심장의 기능이라는 본성은 취향의 문제가 아니지요. 이처럼 우리에게 알려진 지식이 있는데도 '나는 심장이 펌프라고 생각하지 않아'라고 말할 사람은 없습니다. 그게 그냥 사실이기 때문이지요. 마찬가지로 칼은 사물을 자르는 능력으로, 시계는 시간을 알려주는 능력으로 정의됩니다.

　이와 거의 비슷하게 아리스토텔레스는 인간도 이러한 목적에 따라 정의된다고 생각했습니다. 선한 사람은 인간됨의 목적을 충족하는 사람입니다. 그들은 자기 본성에 따라 해야 할 일을 하는 사람이니까요. 우리가 앞에서 보았듯 아리스토텔레스에게 인간은 실천적 이성과 성찰적 이성을 모두 쓸 수 있는 존재입니다. 이런 능력이 우리를 정의하기에 우리의 존재 목적은 그런 능력에 걸맞게 행동하는 것입니다. 이제 아리스토텔레스가 생각한 덕이 무엇인지 조금은 더 이해가 되시나요? 그러니까 덕은 우리를 인간으로 만들어주는 특징입니다. 우리가 이성적으로 생각하고 행동하는 법을 배워야 하는 이유는 '내가 그냥 그런 사람!'이라서가 아니라 이성적 존재가 되는 일이 인간됨의 본질을 구성하기 때문입니다. '그건 나답지 않아!'라고 생각하더라도 우리는 마땅히 인간으로서 이성적으로 생각하는 법을 배워야만 합니다.

이성적으로 생각하고 행동하는 능력은 고립된 개인이 길러낼 수 없는 능력입니다. 이런 맥락에서 보면 우리 사회의 교육 시스템은 굉장히 중요합니다. 우리는 이성적으로 생각하는 법을 배워야 합니다. 그리고 이성을 구성하는 것이 개인의 취향에 따라 달라지는 문제가 아님을 이해해야 하지요. 예를 들어 '논리라는 게 근거 있다고 생각지 않아'라고 말하는 것은 합리적인 태도가 아닙니다. 토론이 제대로 이루어지려면 참가자들이 서로 의견을 합리적으로 나눌 수 있어야 합니다. 단순히 자기 말만 하거나 상호 비방만 할 게 아니라면 말이지요. 마찬가지로 무엇이 그 자체로 가치가 있고, 목적인지를 정의하는 일은 개인에게 달린 게 아닙니다.

오늘날 많은 사람은 윤리와 도덕, 심지어 삶의 의미까지도 주관적인 문제라고 생각합니다. 도구주의가 우리 문화와 사회를 단단히 지배하고 있는 것이지요. 의미를 단순한 취향으로 축소하는 게 가능하다면, 우리는 그저 주관적 취향을 가능한 한 최대로 실현시켜 줄 도구만 개발하면 되겠지요. 지식이나 윤리, 우정, 신뢰 같은 가치는 순전히 개인의 이득과 만족을 위한 것이 되어버리고, 개인의 취향과 기호에 따른 상대적인 가치만 남게 됩니다. 내가 공부하는 것을 좋아하고 다른 목적에 그걸 이용할 수 있으면 지식은 좋은 것이 되고, 그렇지 않으면 나쁜 것이 됩니다. 또한 직장 동료와 잘 지내는 일이 업무적으로나 감정적으로 이득이 된다면 좋지만, 그러리라는 보장이 없으면 쓸모없는 일이 됩니다. 그러므로 주관주의와 도구화 현상은 서로 연결되어 있습니다. 동전의 양면과 같지요.

오늘날 많은 사람들은 우리가 삶의 목표에 대해 합리적으로 토론할 수 없으며, 그저 각자의 목표를 추구할 뿐이라고 여깁니다. 심리학적 기법을 포함해서, 그 목표를 성취하도록 도울 다양한 수단을 통해서 말이지요. 요즘 유행하는 자기계발 코칭 산업에서는 고객이 늘 옳고, 코치는 가치중립적인 거울로서 고객의 자아실현을 도와야 합니다. 그러나 여기에 고객이 지닌 삶의 목표가 정말 옳은지에 대한 이성적인 토론 과정은 없습니다. 이런 관행이 코칭의 본질이라면, 이보다 더 철저한 주관적 도구화 현상은 없을 것입니다.

반대로 우리가 아리스토텔레스의 생각을 진지하게 받아들인다면, 개인의 주관성(그리고 '그게 지금 나한테 무슨 이득이 되지?' 같은 질문)을 넘어서는 결정적인 의미나 가치가 있다고 생각하게 됩니다. 아리스토텔레스에게 의미의 토대는 인간 본성 그 자체입니다. 윤리적인 삶이 이윤만 좇는 삶보다 더 옳은 이유는 그것이 인간 본성을 더 잘 반영하기 때문이지요.

쓸모없음이야말로 최고의 선이다

이런 생각을 비판하는 사람들은 이러한 주장이 자연주의적 오류라고 말할 것입니다. 곧 '이다'(사실 진술)에서 '해야 한다'(당위 진술)로 비약하는 사례일 뿐 논리적으로 타당하지 않다고 말입니다. 하지만 아리스토텔레스의 반도구주의적 접근으로 그런 비판에 대답하면, 심장이든 칼이든 시계든 사람이든 특정한 목적이나 기능을 지닌 존재는 사실 진술에서 당위 진술로 곧바로 연결될 수 있습니다. 이들에게는 '이다' 안에 이미 '해야 한다'가 필연적으로 내장돼 있기 때문이지요.

'그는 교사다'와 '그는 의사다'라는 문장에서 우리

는 이미 '그는 교사가 해야 할 일을 해야 한다'와 '그는 의사가 해야 할 일을 해야 한다'라는 결론을 찾을 수 있습니다. 그 기능(교사나 의사)이 목적에 의해 정의되기 때문입니다. 사실 우리는 교사나 의사가 무엇을 하는지 제대로 알고 있어야, 비로소 교사나 의사가 실제로 어떤 존재인지 이해할 수 있습니다. 그러니까 그들의 활동을 정의하는 당위를 알아야 그들을 이해할 수 있다는 말이지요. 우리는 또한 심장이 제대로 기능하기 위해 무얼 해야 하는지(혈액을 몸 전체로 보내는 것) 알아야 비로소 심장이 무엇인지 이해할 수 있습니다.

아리스토텔레스는 사람으로 사는 것 또한 목적이 있다고, 바로 그것이 우리가 이성에 따라 살아야 하는 거라고 말합니다. 우리가 살아가는 동안 맡게 되는 다양한 역할과 자리는 그것을 정의하는 일련의 규범적 당위를 토대로 합니다. 예컨대 부모나 자식의 역할, 직장인이나 사업가의 역할을 하면서 그에 따르는 책임도 갖지요. 이런 당위를 구성하는 세부적인 사항은 여러 논의를 통해 수정될 수 있지만, 우리가 해야 할 일 자체가 모조리 주관적이라는 것은 말이 안 됩니다. 이러한 아리스토텔레스의 생각에 수긍한다면 우리는 이미 주관주의와 도구화를 극복하고 있는 것입니다.

쓸모없음의 쓸모에 대한 아리스토텔레스의 생각은 도구화에 저항하는 최전선에서 우리를 지키고 이끌어줍니다. 쓸모없는 것이란 우리가 다른 것을 성취하기 위한 도구나 수단으로서가 아니라 그 자체를 위해 하는 일입니다. 그런 일들이야말로 우리가 살아가면서 놓치지 말아야 할 중요한 것들이지요.

우리는 그런 쓸모없는 활동에 시간을 쓰는 것에 죄책감을 느껴서는 안 됩니다. 왜냐하면 요즘처럼 도구화된 시대에서는 그런 쓸모없는 활동이야말로 삶의 진짜 의미를 되찾아주기 때문입니다.

여러분, 모두 쓸모없는 일을 하세요. 쓸모없음이야말로 최고의 선입니다! 우리에게는 이런 말을 스스로에게 하는 연습이 더 많이 필요합니다. 별 뜻 없이 중얼대는 말이 아닙니다. 삶에서 진짜 중요한 것이 무엇인지 결정하는 것은 개인의 주관이나 취향도 아니고, 도구화를 부추기는 사회 분위기도 아니라는 것을 끊임없이 환기시키는 말이니까요.

세상에는 그 자체로 목적이면서 선한 것들이 있습니다. 우리는 그것들의 의미를 되새길 수 있고, 선이란 무엇인가 고민하면서 우리 삶을 이끄는 관점을 찾을 수도 있습니다. 선한 것은 그걸로 이익을 얻거나, 단순히 그걸 좋아하기 때문에 선한 게 아닙니다. 선은 그 자체로 가치를 지니고 있기 때문에 우리가 굳게 믿고 설 만한 가치가 됩니다. 이것이야말로 우리가 살아가는 내내 단단히 지켜야 할 실존적 관점입니다.

2장

모든 평범한 사람이
존중받을 자격이 있다

칸트의 존엄성

"존엄성은 가격으로 따질 수도 없고
대체될 수도 없다"

– 이마누엘 칸트

여러분은 영화「타이타닉」을 보셨나요? 1997년에 영화가 개봉했을 때 전 세계적으로 정말 많은 사람이 극장에 몰려갔습니다. 저 역시 그 가운데 하나였지요. 벌써 20년 전 영화지만 지금 봐도 정말 대단한 영화입니다. 거대한 배가 가라앉고 수많은 이들의 운명이 난파되는 과정과 사랑과 증오 같은 다양한 감정을 담아내고 있지요.

그런데 그중에서도 기억에 뚜렷하게 남아 있는 특

별한 장면이 하나 있습니다. 문제의 그 장면은 배가 가라앉으리라는 게 분명해진 순간의 장면입니다. 승객들은 겁에 질리기 시작합니다. 바다로 몸을 던지는 사람도 있고, 달아나기 위해 동료 승객을 짓밟는 사람도 있습니다. 그런 난리통 속에서 노년의 한 부부는 선실에 남아 침대에 침착하게 누워 서로를 다정하게 끌어안고 말없이 죽음을 기다립니다. 이제부터 일어날 불가피하고 끔찍한 혼란 앞에서 노부부는 스토아철학이 말하는 마음의 평온으로 대응한 것이지요. 어쩌면 제가 그 장면을 감상적으로 미화하고 있는지도 모르지만, 아무튼 그 온갖 소란과 공포 한가운데서 그들의 입가에 맴돌던 미소와 평화가 지금까지 기억에 남아 있습니다.

영화 속 노부부는 분명 인간의 존엄성이라 불릴 만한 것을 우리에게 보여줍니다. 그들이 그런 평온하고 존엄한 반응을 하는 이유는 무언가 다른 이득을 얻기 위해서가 아닙니다. 그렇기 때문에 그들의 반응은 사람들에게 감동과 영감을 주며 빛납니다. 우리가 비슷한 상황에 처한다면 어떻게 반응할까요? 기류 변화로 요동치는 비행기에 앉아 있을 때면 저는 종종 이런 생각을 합니다. 만약 비행기가 갑자기 땅으로 곤두박질치는 사고가 일어나서 살아 있을 시간이 몇 초밖에 남지 않는다면 어떻게 대처하시겠습니까? 그 몇 초를 존엄하게 보낼 수 있을까요? 아니면 비명과 고함을 지르며 보내게 될까요?

존엄함이란 무엇인가?

이 질문에는 누구도 확실하게 대답하지 못할 겁니다. 다행히도 현실에서 그런 상황에 처하는 일은 별로 없지요. 그러나 심리학적 관점에서 보면, 인간이 지닌 존엄성의 의미와 가치를 우리가 조금이라도 이해할 수 있다는 사실이 흥미롭습니다. 그런 끔찍한 상황에서는 대부분 그냥 바닥을 뒹굴며 비명을 지르게 되지 않을까요? 가만히 있으나 바닥을 뒹구나 죽기는 마찬가지니까요. 그런 상황에서 절제력을 잃었다고 비난할 자격은 누구에게도 없습니다. 저 역시 그렇게 행동할지 모릅니다.

여기서 중요한 건 그게 아닙니다. 아무런 보상이 없더라도 존엄하게 반응하는 것이 더 가치 있다고 본능적으로 이해한다는 점이 중요하지요. 노부부 같은 존엄한 반응에서 우리가 얻을 것이라고는 한순간의 평온 말고는 없습니다. 사실 은유적이고 실존적인 의미에서 우리는 모두 땅으로 곤두박질치는 비행기에 앉아 있다고 할 수 있습니다. 곧바로 땅을 들이박지는 않겠지만 언제라도 들이박을 수 있지요. 정확히 언제인지 모를 뿐, 누구나 언젠가는 반드시 죽게 된다는 말입니다.

생명은 부서지기 쉽습니다. 우리의 생명은 쉼 없이 움직이는 작은 심장 근육에 달려 있는데, 근육은 언제든 그 일을 멈출 수 있으니까요. 노르웨이 작가 칼 오베 크나우스고르가 『나의 투쟁』의 1권 첫 부분에 담담하게 쓴 것처럼 말이지요. "심장의 삶은 단순하기 그지없다. 힘이 다할 때까지 움직이기만 하면 되니까. 그러다 멈추어버리면 그만이니까."[1] 조금 극단적으로 말하면, 인간은 모두 일종의 시한부 판결을 받고 살아가는 셈입니다. 그렇다면 어떻게 이러한 운명과 더불어 살아가야 할까요?

악을 쓰고 비명을 지르며 눈이 빠지게 울면서? 아니면 평온하게 존엄을 지키면서?

　제 생각에 「타이타닉」의 노부부가 보여주는 존엄성은 아리스토텔레스의 철학에서 덕이라 부를 만한 것입니다. 존엄하게 행동할 능력이라는 점에서 말입니다. 덕으로서의 존엄성 개념은 사실 요즘은 거의 논의되지 않습니다. 열정이나 진정성, 혁신, 자기 효능에 대한 책은 넘쳐나지만, 제가 아는 한 존엄성을 중요하게 다루며 이를 성취하도록 돕는 자기계발서는 거의 없습니다. 요즘 널리 퍼져 있는 자아 숭배에는 어쩌면 본질적으로 존엄하지 않은 불순한 무언가가 섞여 있는 게 아닐까요? 그래서 사람들의 머릿속에 존엄성을 중시해야겠다는 생각이 미처 떠오르지 않는 건 아닐까요?

　아리스토텔레스라면 「타이타닉」 속 노부부의 태도를 틀림없이 이해했을 겁니다. 피할 수 없는 운명 앞에서 그들이 보인 반응을 높이 평가했을 테지요. 아리스토텔레스의 영향을 받은 스토아학파 철학자들도 분명 노부부의 행동과 그 가치를 이해했을 테지요. 그들 역시 마음의 존엄한 평화를 지키는 것이 인간이 추구해야 할 본질적인 가치라고 강조했으니까요.

그러나 존엄성이라는 개념은 다른 방식, 이른바 인간의 삶이 본래 품고 있는 특성으로도 언급됩니다. 이때는 덕으로서의 존엄성을 말하는 게 아닙니다. 우리가 사람에 따라 많거나 적게 가지고 있는 특성이 아니지요. 이때의 존엄성은 인간의 존재론적 원리로서의 존엄성입니다. 달리 말해 인간의 본성을 구성하는 요소이지요. 아리스토텔레스를 비롯한 다른 고대 그리스 철학자들에게는 없었던 존엄성의 개념입니다. 그들은 인간으로 사는 일에는 딱히 존엄하달 게 없고, 삶이 그 자체로서는 신성하지도 않다고 생각했습니다.

역사적인 관점에서 보면, 인간의 삶은 일신론이 등장하면서 비로소 신성해졌습니다. 이런 원칙은 르네상스 시대에 인문주의 사상으로 되살아났지요. 가장 대표적인 저서로는 초기 르네상스 인문주의자 지아노초 마네티의 『인간의 존엄성과 탁월함에 관하여De dignitate et excellentia hominis』와 조반니 피코 델라 미란돌라의 『인간의 존엄성에 관한 연설Oratio de hominis dignitate』를 꼽을 수 있겠습니다.

초기 인문주의자들은 존엄성이야말로 우리가 추구해야 할 인간의 본질이라고 주장했습니다. 그리고 이 개념을 자기 사상의 주춧돌로 삼아 도구주의에 노골적으로 맞선 철학자가 있습니다. 바로 위대한 계몽주의 사상가 이마누엘 칸트입니다.

가격을 지닌 것은 언제든 다른 것으로 대체된다

철학사에 가장 큰 영향을 미친 사람이라면 플라톤과 아리스토텔레스를 들 수 있는데, 거기에 한 사람을 더 추가한다면 칸트가 들어갈 것입니다. 순수이성(인식), 실천이성(도덕), 판단력(미학과 목적론)을 다룬 주요 저서를 통해 칸트는 근본적인 철학적 질문을 제시합니다. 인간은 무엇을 알 수 있는가? 인간은 무엇을 해야 하는가? 인간은 무엇을 희망할 수 있는가?

사실 칸트의 개인적인 삶은 극적인 사건이나 드라마가 전혀 없는 것으로 유명합니다. 그는 평생을 독일 쾨니히스베르크에서만 살았고, 시계보다 더 정확하게 하루 일과를 반복하는 삶을 살았습니다. 그가 연구와 산책이라는 일상의 패턴에서 벗어난 적은 평생 딱 두 번이라고 합니다. 한 번은 프랑스혁명의 발발을 다룬 신문 기사를 읽을 때였고, 다른 한 번은 장 자크 루소의 『에밀』을 읽을 때로 산책을 갈 시간이 되었는데도 책을 손에서 내려놓을 수 없었다고 합니다.

　　칸트의 여러 책 가운데 가장 짧고 쉬운 편에 속하는 『도덕 형이상학 정초』에서 그는 이렇게 말합니다. "목적의 왕국에서 모든 것은 가격을 갖거나 존엄성을 가진다. 가격을 가지는 것은 무엇이든 동등한 가격을 지닌 다른 것으로 대체될 수 있다. 반면에 모든 가격을 뛰어넘어 다른 것으로 대체될 수 없는 것은 무엇이든 존엄성을 지닌다."[2]

　　앞에서 저는 돈이 어떻게 저울처럼 작동하는지 묘사했는데요. 칸트는 이러한 저울을 등가성이라 불렀습니다. 등가성이란 말 그대로 '같은 값어치가 있다'는 뜻으로, 돈이 서로 완전히 다른 것들의 값어치를 측정하고 비교하는 데 쓰인다는 것이지요. 돈으로 따지면 셰익스피어의 전집은 운동화 한 켤레와 같은 가치를 지닙니다. 위대한 작가의 작품 전집을 운동화 한 켤레와 비교하는 게 어처구니없지만 돈이라는 도구는 그걸 가능하게 해줍니다. 우리가 바쁘게 일상을 살아갈 때는 이런 일이 어처구니없다는 것조차 잘 알아차리지 못하지요.

칸트가 묘사하는 '목적의 왕국'은 이성적 존재의 공동체, 존엄한 이들의 공동체입니다. 이상적인 왕국이지요. 현실에서 우리는 이런 왕국에 살지 못합니다. 왜냐하면 우리는 늘 이성적일 수 없고, 언제나 서로를 목적으로 대우하지도 않으니까요. 그러나 우리는 세상을 존재 자체로 목적인 사람들이 살고 있는 공간으로 볼 수 있고, 되도록 목적의 왕국이라는 이상을 실현하고자 애쓸 수도 있습니다. 사실 칸트에 따르면 우리에게는 반드시 그렇게 애써야 할 의무가 있습니다. 그 의무가 바로 이 책에서 제공하고자 하는 삶의 중요한 관점들에 단단히 발을 딛고 선 삶이지요.

우리는 대개 칸트가 말한 목적의 왕국이라는 관점에서 이 세상을 보지 않습니다. 과학적 관점에서도 세상은 자연법칙으로 설명될 뿐, 그 안에는 다른 목적이나 가치가 있지 않습니다. 이런 관점에서 세상은 복잡한 기계와 같을 뿐이며 우리가 세상에 부여하는 것 말고는 다른 의미가 없습니다. 갈릴레이와 뉴턴부터 시작된 현대 과학은 이런 생각의 여지를 남기지 않습니다. 하지만 칸트는 우리가 인간으로서 기계적인 인과율의 세상에서만 살 수는 없고, 그가 목적의 왕국이라 부르는 것과도 관계를 맺어야 한다고 지적합니다.

한 인간은 다른 것으로 대체될 수 없다

아마도 몇몇 독자는 이런 생각에 반대하며, 우리 삶 또한 필연적으로 자연의 일부일 뿐이라고 주장할 것입니다. 그러니까 우리는 자연 법칙에서 자유롭지 않고,

특별히 존엄하지도 않다고 말이지요. 이에 대해 칸트라면 이렇게 대답할 것 같습니다. 그것이 정말 사실인지는 아무도 모르지만 삶의 모든 것이 결정되어 있다는 가정 아래에서는 우리의 삶은 모든 의미를 잃습니다. 삶의 의미를 되찾기 위해서는 우리에게 자유와 존엄성이 있다고 가정해야 합니다.

칸트는 우리가 자유를 생각하는 것만으로도 충분하다고 보았습니다. 그것을 통해 우리가 자유라는 관점, 목적의 왕국이라는 관점에서 서로 관계를 맺을 수 있기 때문입니다. 칸트가 말한 목적의 왕국에서 모든 것은 가격을 지니거나 존엄성을 지닙니다. 사람들은 서로 물건을 사고팔며, 온갖 재화와 서비스에 가격을 붙입니다. 그러나 우리가 그것을 교환할 때, 그리고 돈이라는 수단으로 모든 가치를 평가할 때에는 가격만 있고 존엄성은 사라집니다. 앞선 칸트의 글은 다음과 같이 이어집니다.

인간의 보편적인 경향성과 필요에 관련된 것에는 시장 가격이 있다. 필요한 것은 아니지만 어떤 취향에 들어

맞는 것, 즉 순전한 재미와 놀이를 위한 것에는 애호 가격이 있다. 그러나 어떤 것이 목적 그 자체가 될 수 있게 하는 조건에는 상대적인 가치인 가격이 아니라 내적 가치인 존엄성이 있다.

의식주처럼 우리의 보편적 필요를 충족시키는 것들은 시장 가격을 지닙니다. 기술이나 성실함 같은 것도 그렇지요. 노동시장에서 사고팔 수 있으니까요. 우리의 능력과 기술 같은 역량은 모두 상대적 가치를 지닐 뿐 그 자체로 가치가 있지는 않습니다. 우리가 살아가면서 갖게 되는 소망이나 취향도 마찬가지입니다. 상업화된 소비사회에서 이런 것들은 광고와 패션 트렌드의 영향을 받아 형성되니까요.

이런 것은 애호 가격을 지니지요. 칸트는 '활기찬 상상력과 유머'에 대해서도 언급하는데, 이는 오늘날 혁신, 열정, 유머 감각 등의 말로 표현되는 대표적인 애호 가격입니다. 칸트가 살았던 시대부터 오늘날에 이르기까지 점점 더 중요해진 것들로, 기업들이 수많은 구인광고를 통해 요구하는 조건이기도 하지요. 그러나 시장 가격을 지닌 것과 애호 가격을 가진 것은 둘 다 도구적이며 내적 가치는 없습니다.

내적 가치를 지닌 것은 그 자체로 목적인 것입니다. 이를테면 목적의 왕국을 구성하는 구성원인 사람과, 사람을 목적의 왕국의 일원으로 만들어주는 것들입니다. 후자의 예로는 칸트가 말하는 '약속에 대한 충실함(정직)'과 '원칙에서 나온 선행(호의)' 같은 것을 들 수 있습니다. 이런 것에는 사람처럼 존엄성이 있습니다. 우리는 정직과 호의를 사고팔거나 이것에 값을 매길 수 없습니다. 우리가 그런 행위에 가격을 매기고 구입하려 한다면 그 과정에서 반드시 존엄성을 잃어버리게 됩니다. 진정한 가치를 지닌 것일수록 가격을 매길 수 없는 것이죠.

칸트는 모든 인간에게는 내적 가치가 있다고 주장합니다. 사람을 다른 동물과 구별하는 주요 특징은 우리에겐 존엄성이 있다는 점이지요. 우리의 자율성이 우리를 존엄하게 합니다. 말 그대로 우리 스스로 도덕법칙을 정하고 이를 지킬 수 있다는 뜻이지요.

그렇다고 이 말이 우리가 각자 무엇이 옳고 그른지를 마음대로 결정할 수 있다는 말은 아닙니다. 오히려 그 반대지요. 우리는 이성적인 존재이기 때문에 개별적이고 주관적인 소망과 기호와는 별개로, 보편적으로 무엇이 옳고 그른지 판단할 수 있습니다. 삶에서 무엇이 옳고, 무엇이 우리의 의무인지를 판단하는 것은 개인의 비전이나 직감에 달린 일이 아닙니다.

우리가 무엇을 생각하고 느끼든, 사람으로서 반드시 해야 할 의무가 있습니다. 좀 더 구체적으로 말하면 무엇보다 우리는 다른 사람이 지닌 존엄성을 존중하고 보호해야 할 의무가 있습니다. 개인적인 이득을 위해서 다른 사람을 이용하거나, 특정 목적을 이루기 위한 수단으로 취급해서는 안 됩니다. 사람은 언제, 어느 때, 어느 곳에서나 그 자체로 목적이고 앞으로도 늘 그럴 것입니다. 칸트가 다소 난해하고 형식주의적인 방식으로 쓴 것처럼 말입니다. "모든 이성적 존재(당신 자신과 다른 사람들)가 당신의 도덕법칙 안에서 그 자체로 목적이 될 수 있도록 행동하라."[3] 사람이 된다는 것은 이처럼 그 자체로 목적이 되는 것입니다.

물론 우리는 다른 사람과 도구적 관계를 맺는 일을 완전히 피할 수는 없습니다. 예를 들어 물건을 살 때 점원은 우리를 돕는 수단이고, 마찬가지로 기계공은 차를 수리하기 위한 수단이니까요. 물론 칸트 역시 이런 것까지 없애자고 주장한 것은 아닙니다. 이런 관계는 아무 문제가 없습니다. 다만 우리는 이 사람들이 수단의 기능을 하지만, 동시에 본질적인 가치를 가지고 있는 존재로 대우해야 합니다. 다른 사람을 수단으로만 취급할 것이 아니라 목적으로 대하고 관계를 맺어야 하는 것이지요. 우리에게는 마땅히 그래야 할 의무가 있습니다.

쓸모를 증명해야 살아남는 사회

안타깝게도 사람을 그 자체로 목적이 아니라 수단으로만 취급하는 사례, 값을 매겨 존엄성을 짓밟고 하찮게 대하는 사례는 어렵지 않게 찾을 수 있습니다. 노예

제와 인신매매는 인류가 만든 가장 극단적인 사례이지요. 하지만 그보다는 덜 극단적이고, 그만큼 도덕적 비난을 받을 만한 형태는 아니라 해도 사람을 수단으로 취급하는 사례는 굉장히 많습니다. 미국의 유명한 라이프 코치 토니 로빈스는 이렇게 설교합니다. "성공이란 당신이 하고 싶은 일을 당신이 원하는 때에, 원하는 곳에서, 원하는 사람과 함께, 원하는 만큼 하는 것입니다." 개인의 소망에 따라 다른 사람의 가치가 달라진다는 생각을 표현한 말입니다. 로빈스에 따르면 성공이란 욕망 너머에 있는 다른 사람을 바로 보는 것이 아니라, 원하는 것을 원하는 사람과 함께하는 것입니다. 다른 사람을 성공의 부품이나 개인의 욕망을 충족하기 위한 도구로 여기는 것입니다. 인간이 존엄성을 지닌 존재라는 칸트의 생각에 동의한다면 결코 성공을 이렇게 정의해서는 안 됩니다. 다른 사람을 단지 우리가 원하는 것을 얻어내는 수단으로서가 아니라 목적 그 자체로 대우하는 것이 진정한 의미의 성공과 관련이 있음을 받아들여야 합니다.

사람에게 값을 매기는 현상은 이밖에도 여럿 있습

니다. 호주와 뉴질랜드, 일본, 오스트리아를 포함한 여러 나라의 정부는 이민자를 받을 때 점수제를 운영합니다. 박사 학위를 가진 사람은 학사 학위를 가진 사람보다 더 높은 점수를 받습니다. 영어를 하는 사람은 중국어를 하는 사람보다 더 높은 점수를 받습니다. 사회에 좀 더 이익을 주리라 여겨지는 사람에게 점수를 매겨 입국을 승인하는 것이지요. 점수가 부족한 사람은 거절당합니다. 이런 제도는 사람을 내적 가치를 지닌 존재로 여기는 것이 아니라, 경제적으로나 사회적으로 쓸모가 있어야 하는 도구적 존재로 보는 것이지요. 이런 제도 아래에서 인간의 존엄성은 전혀 고려되지 않습니다.

우리는 인적자원이나 인적자원 관리라는 말을 자주 사용하지만 그 용어가 얼마나 도구주의적인지 까맣게 잊곤 합니다. 사람은 석유나 철광석처럼 되도록 많이 이용하고 효율적으로 활용해야 할 자원이 아닙니다. 사람은 누구나 존엄성을 지닌 자율적 존재이며 다른 무엇을 위한 자원으로 취급되어서는 안 됩니다.

여기서 고민할 문제가 하나 있습니다. 인간이 본질

적으로 존엄하다는 칸트의 인본주의적 생각을 오늘날 어떻게 되살릴 수 있을까요? 이 질문에 답하기 위해서는 아마 개인적인 차원을 넘어 정부 차원의 정책적 실천이 필요할 것입니다. 시민을 공공서비스의 소비자나 경제적 자원만이 아닌, 언제나 사람으로 대할 수 있도록 만드는 정치적·사회적 차원의 집단적 노력이 필요한 것이지요. 그런 변화가 일어날 때까지 평범한 우리는 모든 사람이 본질적으로 존엄하며 존중을 받을 자격이 있다는 사실을 끊임없이 되새길 필요가 있습니다.

이런 의미에서 저는 존엄성이 우리가 살면서 놓치지 말아야 할 관점 가운데 하나가 되길 간절히 바랍니다. 존재론적 존엄성과 덕으로서의 존엄성 두 가지 측면 모두에서 말입니다.

3장

죄책감을 느낄 때
한 명의 인간으로 성장한다

니체의 약속

"인간은 약속하는 동물이다"

- 프리드리히 니체

니체는 논란도 많고 오해도 많이 받는 철학자입니다. 갖은 질병과 온갖 비극으로 가득했던 그의 삶은 1889년 이탈리아 토리노에서 최악으로 치닫습니다. 길거리에서 말이 학대당하는 광경을 보고 갑작스럽게 신경발작을 일으킨 뒤 그만 정신을 놓아버린 것입니다. 평생 연민을 통렬히 비판했던 사상가로서는 놀랍고도 역설적인 반응이었지요. 사족이지만 그날 그가 거리에서 쓰러진 것은 매독 또는 뇌종양 때문이었을 가능성이 높다고 합니다.

니체를 허무주의자로 여기는 사람들이 있습니다. 이는 그를 객관적인 의미나 가치의 존재를 완전히 거부하는 사상가로 본다는 말입니다. 그러나 이러한 오해와는 정반대로, 니체는 오히려 허무주의를 극복해야 할 위협으로 보았습니다. 또한 아포리즘의 대가였던 그는 고전 문헌학자로서 고대 철학자들에 대해 깊은 지식을 가지고 있었고, 이들의 사상을 간결하고 함축적이며 도발적으로 분석한 것으로도 유명합니다. 그는 그리스 예술과 문화, 특히 비극에 관심이 있었으며 다윈의 진화론 같은 자연과학에도 흥미를 느꼈습니다.

니체의 철학은 신중하게 구성된 사상 체계가 아닙니다. 그 자신의 표현에 따르면 니체는 '망치로 철학하는' 사람입니다. 그는 사회에서 당연시되던 진리나 도덕의 기원과 그 수용의 역사를 추적해 그것을 가차 없이 해체했습니다. 가장 유명한 사례가 바로 니체가 '노예 도덕'이라 부른 당대 기독교 윤리에 대한 분석과 비판입니다. 그의 연구 방법은 계보학적인데, 이는 훗날 철학자 미셸 푸코에게로 이어집니다.

그러나 니체의 사상을 계보학으로만 설명할 수는 없습니다. 우리가 가진 집단적 믿음이나 도덕적 신념 같은 것이 그저 역사적 우연에 의해 형성됐다는 사실을 폭로하는 데에서 그치지 않지요. 그가 의도했든 아니든 몇몇 사상은 교육적이기까지 합니다. 여기서는 바로 그러한 관점에서 우리가 가지고 있는 '약속할 수 있는 능력'에 대한 니체의 논의를 살펴보려 합니다.

신뢰받는 사람만이 약속할 자격이 있다

세 편의 독립된 논문으로 구성된 『도덕의 계보』의 두 번째 글에서 니체는 이렇게 묻습니다. "약속할 수 있는 동물을 기르는 것, 이것이야말로 자연이 인간에게 부여한 역설적 과제가 아닌가? 그것이 인간의 진짜 문제가 아닌가?"[1] 그는 자신이 던진 질문에 그렇다고 대답합니다. 니체는 인간이 약속할 수 있는 존재라는 사실이 인간의 본성을 이해하는 핵심 열쇠라고 생각했습니다.

니체에 따르면 인간은 사슴이나 사자처럼 원초적인 자연의 힘에 이끌리는 동물적인 측면도 있지만, 동시에 약속하는 존재라는 점에서 다른 동물과 구별됩니다. 우리가 알고 있는 한, 다른 동물은 이런 능력이 없습니다. 오직 인간만 반성적인 자의식을 가지며, 오늘과 내일을 연결해서 이해합니다. 이는 약속의 필수 전제 조건이지요.

서로 약속할 수 있다는 사실은 우리 삶의 바탕을 이룹니다. 만약 약속하는 능력이 없다면 결혼이나 우정 같은, 서로에 대한 신뢰를 지키겠다는 어떤 장기적 관계도 맺을 수 없겠지요. 상품이나 재산을 두고 거래나 합의도 할 수 없을 겁니다. 우리의 일상적인 삶 역시 크든 작든 끝없는 약속 위에서 이루어집니다. '설거지는 내가 할게' 같은 작은 약속부터 개인과 회사가 맺는 근로계약 같은 것이 지켜지지 않는다면, 일상은 단 한순간도 제대로 굴러가지 못할 것입니다. 어떤 공동체나 사회도 약속, 그리고 그 약속이 지켜지리라는 보장 없이는 절대 유지될 수 없기 때문입니다.

심지어 언어철학자 존 오스틴은 우리가 세상에 대

해 단순하게 말하는 것조차 기능적인 차원에서 보면 약속이라고 말합니다. '비가 온다'와 같은 무미건조한 말을 할 때에도 우리는 그 사실을 믿고(비가 그칠 때까지), 그것에 따라 행동(이를테면, 우산을 챙긴다든가)합니다. 이처럼 약속에는 암묵적이고 원칙적으로 발화자가 자기 말을 기꺼이 책임지겠다는 선언이 포함되어 있습니다.[2] '비가 온다' 같은 말을 할 때조차 '그 말이 사실이라고 내가 약속해!'라는 메시지를 함께 보내는 셈이지요. 이런 의미에서 약속은 신뢰의 표현으로서 매우 중요합니다. 우리가 다른 사람과 장기적인 관계를 맺거나 의사소통을 나눌 수 있는 것도 이처럼 서로가 약속을 지키리라는 암묵적인 믿음을 토대로 하니까요.

죄책감은 삶의 나침반이다

인간은 누구나 잘못을 저지릅니다. 때때로 우리는 약속을 지킬 수 없게 되지요. 그럴 때 우리는 죄책감을 느낍니다. 심리학적인 관점에서 죄책감은 우리가 잘못을 저질렀다는 걸, 이를테면 약속을 깬 책임이 나 자신에게 있다는 사실을 알려주기 위해 존재합니다. 그런데 꽤 오래전부터 이러한 죄책감을 없애려는 시도가 유행하고 있습니다. 수많은 자기계발서는 죄책감과 수치심, 양심의 가책 등을 피하거나 없애야 할 부정적인 감정으로 봅니다.

물론 경우에 따라 어떤 부정적인 감정은 문제가 있을 수 있습니다. 사람들은 때때로 아무런 잘못도 하지 않았음에도 죄책감이나 수치심을 느끼기도 하니까요. 예를 들어 어릴 때 학대를 당한 사람처럼 말이지요. 그런 일을 겪은 사람은 죄책감이나 수치심 같은 부정적 감정을 품을 이유가 없다는 사실을 깨닫는 게 무엇보다 중요합니다. 그러나 꽤 많은 사람이 이와 정반대의 문제가 있습니다. 정말 잘못을 저질렀을 때조차 아무런 죄책감을 느끼지 않아요. 어떨 때는 잘못을 저질렀다는 사실조차 인식하지 못합니다. 죄책감이 없는 것이지요. 죄책감은 도덕의 나침반입니다. 죄책감이 없다면 도덕적으로 행동하기가 힘들지요. 그러므로 아이들이 잘못을 저지를 때에는 스스로 죄책감을 느끼는 법을 배우게끔 하는 교육이 무엇보다 중요합니다. 물론 잘못을 저지르지 않았을 때는 그런 감정을 느끼지 않도록 해야 하고요.

죄책감은 도덕성을 지탱하는 접착제입니다. 죄책감은 지키지 못한 약속의 이면이라 할 수 있어요. 따라서 우리는 그런 감정으로 무척 고통스럽더라도 아예 죄책감을 느끼지 못하는 삶은 살고 싶지 않은 것입니다. 덴마크 작가 헨리크 스탕에루프는 1973년에 출간된 소설 『죄책감을 느끼고 싶은 남자Manden der ville være skyldig』에서 이러한 죄책감의 중요성을 다루었습니다. 이 소설의 배경은 심리 치료사들이 지배하는 디스토피아 사회입니다. 이 사회에서 모든 구성원은 오직 행복해야만 하며, 개인이 죄책감을 갖거나 책임을 지는 것은 부정됩니다. 사람들은 심리 치료사에 의해 평가받고 이해받지요. 주인공은 배우자를 살해한 뒤 죄책감을 느끼고 스스로 유죄판결을 받으려 애쓰지만, 이미 개인에게서 책임을 빼앗은 사회에서는 죄책감을 느끼는 것조차 거부됩니다.

스탕에루프의 분석은 오늘날에도 여전히 유효합니다. 온갖 종류의 심리 처방이 지배하는 우리 사회 역시 죄책 감과 수치심보다는 긍정적인 사고를 훨씬 더 강조하니 까요.

철학자 주디스 버틀러는 니체의 사상을 되살려, 우리가 약속하고 이를 어겼을 때 죄책감을 느끼는 능력을 토대로 인간의 본성을 이해하려고 했습니다.[3] 버틀러는 우리가 생각하는 인간의 본질을 '주체' 개념을 통해 설명하는데, 그 핵심은 사람이 자기 행동에 근거를 대거나 해명할 수 있는지에 달려 있다고 여겼습니다. 적어도 언어를 습득한 사람이라면 누구나 말이지요. 그런데 버틀러는 주체가 주로 도덕적 '관계'를 통해 창조된다고 말합니다. 개별 주체가 완전히 형성된 뒤에 도덕적인 관계가 창조되는 게 아니라 오히려 그 반대라는 것이지요. 버틀러는 도덕성에 앞서 있거나, 그와 별개로 존재하는 주체성 같은 건 없으며, 권력(힘)에 앞서거나 힘과는 별개인 주체성 또한 있을 수 없다고 말합니다. 푸코의 주장도 이와 같지요.

이러한 관점에서 보면 힘과 도덕성은 선후 관계나 별개의 관계가 아니라 동전의 양면과 같습니다. 도덕성은 우리가 자기 자신에 대해, 그리고 타인에 대해 서로 권력을 갖기 때문에 존재합니다. 동시에 도덕성이 존재하기 때문에 우리는 자기 자신에게, 그리고 서로에게 영향력을 가질 수 있습니다. 칸트의 표현을 빌리면 이렇게도 말할 수 있을 겁니다. 우리가 자유롭게 행동할 수 있기에 도덕적 당위가 의미 있다고 말이지요.

이런 철학 개념이 조금 수수께끼처럼 들릴 수 있겠지만, 사실 매우 단순합니다. 우리는 혼자 있을 때가 아니라 다른 누군가에게 질문을 받을 때 스스로를 더 잘 돌아보게 됩니다. 우리는 다른 사람에게 우리의 존재와 행동을 해명하라고 요청받을 때, 비로소 인간으로서 존재하기 시작합니다. 또한 나 자신과도 관계를 맺을 수 있게 되지요. 만약 다른 사람에게 이런 요청을 받지 않는다면, 즉 무인도처럼 완전히 고립된 상태에 놓인다면 우리는 반성을 통한 자의식을 키울 수 없게 됩니다.

여기서 버틀러는 니체를 언급합니다. 니체는 두려

움과 극심한 공포를 통해 반성적 주체가 등장한다고 믿었습니다. 그러니까 우리는 권위적인 지위(이를테면 부모나 교사)를 갖춘 누군가의 요구로 자신의 행동을 해명하기 시작한다는 것이지요. 아이는 잘못된 일, 이를테면 우유를 쏟았을 때 그 일이 어떻게 일어난 건지 해명하라는 요구에 부딪힙니다. 부모는 화가 난 표정으로 이렇게 물을 겁니다. "너 대체 왜 그랬니?"

어쩌면 아이는 자신이 정말 왜 그랬는지 모른다 해도 자신의 행동을 해명해야 합니다. 이런 과정을 통해 비로소 아이는 책임감 있는 존재로 대접받지요. 발달심리학은 타인에게 책임 있는 존재로 대우받았다는 사실이 아이를 책임감 있는 존재로 만든다고 말합니다. 니체의 표현처럼 타인과 약속할 권리를 지닌 존재가 되는 것이지요. 이런 과정에서 죄책감은 대단히 중요한 역할을 합니다. 버틀러의 말처럼 "죄책감은 주체가 되는 것을 가능케" 하니까요.[4]

타인과 맺은 약속에 대한 책임과 죄책감이 있기에 아이는 자기 자신을 돌아보고 자기 행동도 평가하게 됩니다. 어느 누구도 단지 하룻밤 사이에, 또는 죄책감을 느낄 일을 겨우 한두 번 경험한 뒤 곧바로 책임감 있는 존재가 되지는 않습니다. 책임감 있는 존재가 되는 과정은 길고, 그 과정을 통해 우리는 차츰 주체성을 확보하고, 자기반성적 개인을 창조합니다. 그때 비로소 우리는 약속할 권리를 지닌 존재가 되는 것입니다.

책임을 진다는 말의 의미

앞에서 우리는 죄책감을 느끼고 책임감이 있는 어른으로 성장하는 일이 서로 긴밀하게 연결되어 있다는 것을 확인했습니다. 사람이 책임감을 갖춘 존재로서 첫걸음을 떼는 것은 자신이 깰 수도 있는 규칙(이를테면 탁자에 우유를 쏟지 말라는)과 관련해서 타인에게 설명을 요청받을 때입니다. 이때 우리는 '제가 일부러 그런 게 아니에요' 하고 그 일에 책임이 없다고 해명할 수도 있고, 책임을 인정할 수도 있습니다. 책임을 인정할 때는 '제가 실수로 그랬습니다. 정말 죄송합니다'와 같은 진정한 사과가 이어질 테지요. 그러므로 책임감 있게 행동하고 성찰하는 인간은 도덕적인 가치와의 관계 속에서 형성됩니다. 특히 도덕성의 나침반 역할을 하는 죄책감과의 관계를 통해 만들어지지요.

바로 여기에서 약속을 하고 책임을 지는 인간의 근본적인 능력이 나옵니다. 책임을 인정하거나 부정하는 행위는 어느 쪽이든 적어도 자신의 책임에 대해 스스로 생각하는 것입니다. 이러한 능력은 성숙한 인간의 특징이지요. 니체가 말하는 '약속하는 동물'은 이렇게 말할 수 있는 인간입니다.

'미안합니다. 내 잘못이에요' 또는 '아닙니다, 내 잘못이 아닙니다.' 자기 행동과 사회적 약속에 대한 이런 식의 성찰과 표명이 우리를 사회에서 책임감과 도덕성을 갖춘, 사회적인 인간으로 만들어주는 것이지요.

하지만 오늘날의 도구화된 문화에서는 이런 토대가 점점 약화되는 위험에 처해 있습니다. 사회는 새로운 것을 좇고 일시적으로만 합의하는 문화에 익숙해지고 있습니다.[5] 점점 더 일시적으로만 합의되는 일이 늘고 있지요. 우리는 서로 당분간 약속을 지킵니다. 어쨌든 약속을 하긴 하지만 더 나은 것이 나타나기 전까지만 유지하는 거지요. 더 좋은 모임, 더 좋은 일자리, 더 좋은 연인이 나타날 때까지만 유지되다가, 끊임없이 더 나은 것으로 대체하지요. 이는 급변하는 유행에 뒤처지지 않을까 하는 불안 심리인 포모증후군FOMO, Fear Of Missing Out에 걸린 사람들이 흔히 빠지는 딜레마이기도 합니다. 당분간만 지속되는 약속은 엄밀히 말해서 더 이상 약속이 될 수 없습니다. 기껏해야 그런 약속을 하는 사람에게 일시적으로 득을 주는 도구화된 약속일 뿐이지요.

누군가와 약속하는 행위는 원칙적으로 무조건적이어야 합니다. 결혼을 한번 생각해봅시다. 우리는 결혼 서약을 할 때 죽음이 우리를 갈라놓을 때까지 함께할 것을 약속합니다. 대부분의 커플은 사회적으로 이혼율이 높다는 사실을 너무도 잘 알고 있고, 거기서 자신들도 예외가 아니라는 사실을 잘 압니다. 하지만 이런 경험적 근거가 끝까지 서로 함께하겠다는 약속을 가로막지는 못하지요. '더 나은 반려자가 나타나서 내 마음이 바뀔 때까지 당신에게 충실할 것을 약속합니다' 따위의 말은 결혼 서약답지 못합니다. 약속이 도구화된다면 더 이상 약속이 아니니까요.

약속은 그 자체로 가치가 있습니다. 설령 아무런 이득이 되지 않는다고 하더라도 약속을 지키는 일에는 존엄한 면이 있습니다. 그런 의미에서 약속은 우리 삶의 단단한 관점이 됩니다. 결코 도구화될 수 없는 본질적인 가치가 있으니까요. 그러한 약속을 토대로 굳건히 서지 않는다면, 우리 사회는, 그리고 우리 자신의 인간성은 너무도 쉽게 흔들리고 말 것입니다.

4장

우리는 반성하며
앞으로 나아가는 존재다

키르케고르의 자기

"가장 깊은 절망은 자신이 아닌 다른 사람으로 사는 것이다"

– 쇠렌 키르케고르

쇠렌 키르케고르는 세계적으로 가장 유명한 덴마크 철학자입니다. 신학적이면서 철학적이고, 문학적이기도 한 그의 글은 풍성한 의미가 복잡한 미로처럼 곳곳에 얽혀 있어서 오늘날까지도 다양한 해석의 욕망을 자극합니다. 그의 삶과 사상을 다룬 훌륭한 책이 많지만, 여기에서는 그의 실존 사상을 집중적으로 살펴보려고 합니다. 그의 대표작인 『죽음에 이르는 병』의 도입부에는 이런 구절이 있습니다.

인간은 정신이다. 그런데 정신은 무엇인가? 정신은 자기다. 그러면 자기는 무엇인가? 자기란 관계 그 자체와 관계하는 관계다. 또는 그 관계 (자기를 구성하는) 안에서 자기 자신과 관계하는 것이다. 자기란 관계가 아니라 그 관계가 자기 자신과 관계한다는 (사실에 존재하는) 것이다.[1]

굉장히 수수께끼처럼 들리겠지만 키르케고르가 하는 말은 사실 단순합니다. 우선 그는 인간을 정신이라고 정의하고 정신이 정확히 무엇인지 묻습니다. "정신은 자기"라는 그의 대답은 다시 '자기'를 정의하는 문제로 이어집니다. 그리고 "자기란 관계 그 자체와 관계하는 관계"라고 결론짓습니다. 달리 말해, 자기는 관계 그 자체입니다. 그런데 여기서 그가 말하는 관계란 대체 무엇과 무엇 사이의 관계를 말하는 걸까요? 인용문에는 그에 대한 답이 없지만 키르케고르라면 인간은 육체를 가진 존재인 동시에 영혼을 가진 존재, 즉 육체와 영혼의 종합적 관계라고 말할 것입니다. 일상의 언어로 좀 더 풀

어서 설명하면 정신적인 존재이자 생물학적인 존재라고
표현할 수 있겠네요.

삶을 돌아보고 수정하기

　그러나 단순히 영혼과 육체의 관계로는 키르케고르
가 말하는 '자기'를 설명하지 못합니다. 그가 말하는 관
계란 정신이 자기 자신과 관계하는 행위 자체를 말하는
것입니다. 달리 말해 자기는 우리의 정신도 아니고 육체
도 아니며 그것의 단순한 총합도 아닙니다. 이들 사이의
관계 그 자체에 관계하는 행위를 말하는 것이지요. 키르
케고르의 자기 개념은 우리가 우리의 정신과 신체, 그리
고 그것에 영향을 주는 세상과 관계할 뿐 아니라, 우리
가 이 모든 것과 어떻게 관계를 맺을지에 대해서도 관계
를 맺고 관여할 수 있다는 사실에서 나옵니다.
　앞의 인용문에서 정신 대신 문화라는 단어를 대입
하면 이해가 좀 더 쉬울 것 같네요. 바로 '인간은 문화

적 존재'라고 말이지요. 문화는 자연(우리 몸을 포함해서)과 정신 사이의 관계로서 우리에게 영향을 줍니다. 문화라는 단어는 '경작'이나 '가꾸기'를 뜻하는 라틴어 '쿨투라cultura'에서 나왔는데요. 때때로 자연과 반대 자리에 놓이기도 하지만, 경작된 형태의 자연이라고 말하는 게 더 정확할 겁니다. 농사를 떠올리면 이해가 쉬울 겁니다. 우리 인간은 수천 년 동안 논밭을 경작했지요. 그것은 여전히 자연이지만 동시에 우리가 가공한 형태의 자연입니다.

이런 의미에서 어떤 문화적 생산물도, 이를테면 예술이나 언어, 사회적 관습 같은 것도 결코 비자연적인 것이 아닙니다. 자연이 가공되는 하나의 방식일 뿐이지요. 문화는 개인과 세상의 관계망으로 구성됩니다. 이와 마찬가지로 자기가 된다는 것은 자기 자신은 물론, 세상과도 관계를 맺는다는 것을 뜻합니다. 모든 동물은 먹고 자고 생식을 통해 유전자를 다음 세대에 전달하지만, 인간의 문화는 이 모든 것들이 이루어지는 '방식' 자체를 중간에서 매개합니다. 그 결과 문화는 세계 곳곳에서 다양한 형태를 갖습니다. 언어, 음식 문화, 가족 구성, 일상 생활의 리듬이 문화권마다 다르지요.

살아 있는 모든 것은 세상과 관계를 맺으며 존재합니다. 식물은 광합성을 위해 햇빛이 쬐는 방향으로 움직이면서 빛 에너지와 관계합니다. 소시지를 먹는 개는 자기 자신의 허기, 그리고 음식과 관계하고 있고요. 그러나 식물이나 개는 키르케고르가 말한 의미에서 자기를 갖지는 않습니다. 둘 다 자신이 세상과 관계하는 방식에 관여할 수는 없으니까요.

다른 생물과 마찬가지로 인간 역시 세상과 관계합니다. 하지만 우리를 고유하게 만들어주는 것은 우리 자신이 세상과 관계하는 방식에 관여할 능력이 있다는 점입니다. 우리는 선탠을 하고 싶을 때 식물처럼 태양을 따라 움직일 수 있습니다. 그러나 햇빛 노출이 피부암 위험을 증가시킨다는 신문 기사를 읽은 뒤에는 완전히 반대로 햇빛을 피해 그늘에 숨을 수도 있지요. 햇볕을 쬐고 싶은 욕망이 아무리 강해도 그에 따르는 결과를 생각하고, 문화적으로 학습한 지식을 토대로 자기 욕망과 반성적으로 관계할 수 있는 거지요.

또한 우리는 소시지를 먹고 싶을 때 먹을 수 있습니다. 하지만 만약 우리가 과도한 육류 섭취에 따른 기후 변화 문제를 염려하는 채식주의자라면, 달리 말해 우리가 육식에 대해 문화적으로 학습한 특정한 생각을 갖고 있다면 고기를 먹지 않을 수도 있습니다. 이와 달리 개는 스스로 식단을 조절하지 못합니다. 고기를 먹지 않고 채식을 하기로 결심하는 개는 없지요. 주인이 식단을 조절하기로 마음먹는다면 모를까, 개는 자유의지로 무언가를 먹을지 말지 선택하지 못합니다.

왜 그럴까요? 개는 자신의 허기와 반성적으로 관계할 수 없기 때문입니다. 배가 고프면 음식을 찾아 나서지만, 허기가 이끄는 대로 행동할지 말지 결정할 능력은 없습니다. 물론 개마다 기질이라는 게 있고 어쩌면 소심하거나 대범한 성격 차도 있겠지만, 본질적으로 자기가 없으므로 자기-관계도 없습니다. 그렇기에 우리는 개가 주인의 바람과 달리 소시지를 참지 못하고 모조리 먹어버렸다고 해서 도덕적 책임을 묻지 않습니다. 짜증이 나서 개를 혼내고 다시는 그러지 못하도록 훈련을 시킬 수는 있지만, 어떤 경우에도 도덕적으로 분노할 수는 없습니다. 개는 행동에 책임이 없기 때문입니다.

도덕적으로 분노하거나 책임을 묻는 일은 오직 상대가 자신의 행동과 관계할 수 있을 때에만 가능합니다. 상대가 키르케고르가 말한 자기라는 개념을 갖고 있을 때, 칸트가 목적의 왕국이라 부른 것에 속할 때에만 말이지요. 따라서 이 자기라는 개념은 인간이 본성과 닿아 있습니다.

타인을 통해 자아가 형성된다

키르케고르는 자기를 반성적인 과정으로 설명합니다. 여기서 자기가 고정된 대상이 아니라 과정이라는 점이 중요합니다. '있는' 것이 아니라 '일어나는' 것이지요. 이런 맥락에서 자기는 자기 자신과 관계합니다. 이 능력은 인간성을 구성하는 필수 요소입니다. 이런 능력이 없다면 우리는 다른 동물과 똑같이 육체적인 충동이나 욕구에 따라서만 움직이게 될 테지요.

동물은 배가 고프면 음식을 찾습니다. 식욕보다 더 강한 다른 충동, 이를테면 두려움 같은 걸 느끼지 않는 한 말입니다. 그러나 성숙한 사람은 충동을 가지고 있다고 해서 무조건 그에 따르지 않고, 자신의 충동과 반성적으로 관계한 뒤에야 그것을 따를지 말지를 결정합니다. 이처럼 깊이 생각하는 능력은 우리 스스로 창조해내는 게 아닙니다. 이런 의미에서 키르케고르는 자기는 자기 말고 다른 것에 의해 구성된다고 말합니다. 그리고 그는 이것을 신이라고 주장하지요.

발달심리학의 세속적인 관점에서 해석하면 이것은 자기를 구성하는 사회나 문화라고 말할 수 있습니다. 우리는 자아발달 과정에서 고립된 상태가 아니라, 오직 타자와의 관계를 통해서만 반성적 자아를 기릅니다. 갓 태어나 말도 못하는 작은 인간이 칸트가 말한 존엄을 지닌 개인이 되기 위해서는 부모, 형제자매, 친구 등 무수히 많은 타자의 눈을 통해 자신을 보아야만 합니다. 우리는 다른 사람들과 관계할 때 비로소 우리 자신과 관계하는 법을 배웁니다. 이런 의미에서 우리는 스스로를 다른 사람들에게 빚지고 있는 셈입니다.

이는 20세기 초반 미국의 사회심리학자 조지 허버트 미드와 그 무렵 소련에 있던 레프 비고츠키가 거의 동시에 제안한 심리학 개념이기도 합니다. 앞서 저는 심리학을 상당히 비판했지만, 이 개념은 과학적 방법으로 우리 삶을 깊이 있게 설명한 중요한 개념입니다. 미드와 비고츠키의 뒤를 이은 현대 발달심리학은 어떻게 우리가 타인의 관점을 서서히 내 것으로 받아들이는지를 연구했습니다. 또한 대인관계를 발달시키고 주변 사랑하는 이들과의 소통을 통해 자아를 형성하는 과정을 깊이 있게 분석했습니다.

우리의 자아는 늘 다른 사람을 통해 발달합니다. 우리의 반성적 자기 관계, 키르케고르가 말하는 자기는 바로 이러한 사회적 관계의 결과입니다. 비고츠키는 이 점을 날카롭게 분석해냈습니다. 그는 아이의 타고난 생물학적 성향이 부모의 해석을 통해 의지의 반성적 행위로 발전한다고 말합니다. 예를 들어 유아는 시야에 들어온 물체에 자동적으로 손을 뻗는 '움켜잡기 반사'의 본능을 타고납니다. 이런 행동은 아이가 학습을 통해 익힌 게 아니라 본능적인 행동이지요. 하지만 아이는 손에 닿지 않는 물건을 잡으려 손을 뻗을 때, 어른이 나서서 그것을 대신 집어주는 경험도 하게 됩니다. 어른은 아이의 본능적인 움직임을 의도가 있는 것으로 해석했고, 그 결과 아이는 자기 손가락으로 물건을 가리켜서 어른의 주의를 끌 수 있다는 것을 배우게 된 거지요. 처음에는 순전히 본능적인 반사작용(움켜잡기)으로 시작한 행동이 의도적인 행동(가리키기)으로 발전합니다. 이런 변화는 아이가 물건을 가리키는 동작을 의도를 가진 동작으로 해석할 때 일어납니다. 그렇게 해서 아이는 점점 자신의 행동에 의사를 담을 줄 알게 됩니다.

발달심리학은 이러한 현상이 '근접발달영역'(아동이 혼자서 문제를 해결할 수 있는 실제 발달 수준과 어른이나 또래의 안내와 도움으로 문제를 해결할 수 있는 잠재적 발달 수준 사이의 영역—옮긴이)에서 일어난다고 말합니다. 어른은 아이를 도와, 처음에는 도움을 받아야만 할 수 있던 일들을 혼자 힘으로 할 수 있도록 돕습니다.[2] 우리는 오직 이런 방식을 통해서 자기를, 자기 자신과 관계하는 관계를 발달시킬 수 있습니다. 이때 아이에게 너무 많은 책임감을 주면 오히려 일을 그르칠 수 있습니다. 아이가 천천히 능력과 책임감을 기를 수 있도록 도와야 하지요. 우리는 교육 과정에서 이러한 '아동중심 교육과정'이 너무 지나치지 않도록 세심하게 주의해야 합니다.

이와 반대로 어른이 '헬리콥터 부모'여서 아이의 모든 판단과 행동에 관여해 스스로 어떤 책임도 지지 않도록 할 때에도 문제가 생깁니다. 근접발달영역은 이 두 극단 사이의 균형에서 생기는데, 이를 위해서는 어른이 아이의 상황을 잘 이해해야 합니다. 이런 조건이 갖춰졌을 때 아이의 행동은 비로소 의미 있는 행위로 해석되고, 그것이 다시 아이가 적절한 능력을 습득할 수 있도록 도와줍니다. 아이는 스스로 감당할 만큼 적절한 정도까지 책임을 짐으로써 책임감을 발달시킬 수 있습니다.

자아는 성과를 위한 도구가 아니다

그런데 이 지점에서 여러분은 제가 왜 자기라는 개념을 삶의 중요한 관점이라고 하는지 궁금해할 것 같습니다. 분명히 이전에 자아를 신처럼 숭배하는 흐름을 비판해놓고는 말이지요. 저는 지금도 그 비판적 입장에서 벗어나지 않았습니다. 왜냐하면 제가 비판하는 자아는 이전에 다룬 자기라는 개념과는 다르기 때문입니다.

키르케고르의 자기 개념은 자기계발서에서 묘사하는 자아와는 성격이 완전히 다릅니다. 우리 내면 어딘가에 있으면서, 자아실현을 통해 해방시켜야 할 진짜 나 같은 개념이 아니지요. 자기계발 논리에 따르면 우리는 그냥 그걸 찾아서 실현하면 됩니다. 그러나 키르케고르의 자기 개념은 실현보다는 형성, 즉 양육이나 교육 과정과 긴밀하게 연결됩니다. 자아는 우리 내면에서부터 실현되는 게 아니라 자기 바깥에 있는 다른 존재와의 관계를 통해서 형성되기 때문이지요. 공동체 안에서 소통하는 법을 배우고, 살아가면서 경험하게 되는 모든 상호작용 과정을 통해서 형성되는 것입니다.

앞에서 살펴본 대로 우리는 항상 자기 자신이 아닌 다른 존재, 예컨대 다른 사람의 표정이나 반응을 통할 때 스스로를 더 잘 이해할 수 있게 됩니다. 세상으로부터 고립된 채 자기 성찰만 해서는 결코 자기 자신을 온전히 이해할 수 없습니다. 우리는 오직 다른 사람과의 관계를 통해서만 온전한 사람이 될 수 있습니다. 자기는 바로 이런 능력을 부르는 개념이지요.

키르케고르는 종종 개인주의 사상가로도 불리지만, 이는 부분적으로만 맞는 말입니다. 그의 철학에서 가장 기본적인 개념인 자기가 형성되기 위해서는 반드시 개인 바깥에 있는 행위자를 필요로 하기 때문입니다. 이러한 이유로 보다 최근의 연구들은 키르케고르를 사회심리학적 성향을 지닌 사상가로 설명하지요.[3] 키르케고르가 말한 자기와 자기 관계는 윤리적이고 도덕적인 과정을 통해 구성된다고 볼 수 있습니다. 다른 동물과 달리 항상 다른 존재를 인식하면서, 자신의 충동을 따를지 말지 반성적으로 결정할 수 있기 때문입니다.

철학자 찰스 테일러도 이 점에 주목했습니다.[4] 테일러 또한 인간이 동물과 다르게 욕망뿐 아니라 도덕적 가치를 고려하면서 행동을 결정할 능력이 있다고 말합니다. 우리가 길을 지나다가 자연재해를 겪은 피해자를 돕자는 호소를 들었다고 가정해봅시다. 우리는 순간 이 호소를 무시하고 싶은 마음이 들 수도 있지만, 동시에 그런 반응이 그들을 도우려는 소망보다는 도덕적으로 가치가 떨어진다고 생각합니다. 우리는 이러한 반성적 자아를 통해 충동을 누르고, 다른 욕망을 추구할 수도 있지요. 테일러는 이를 '2차적 욕망', 곧 어떤 특정한 욕망을 가지려는 욕망이라 부릅니다.

또한 테일러는 우리 앞에 놓인 선택지가 도덕적인지 아닌지 평가하는 능력을 '강한 가치 평가'라 부릅니다. 반대로 '약한 가치 평가'는 우리가 지금 당장 가장 원하는 것만 생각하는 것이지요. 사람을 도덕적인 존재라고 정의할 수 있는 이유는 우리가 충동적인 욕망뿐만 아니라 사회적이고 도덕적인 관점을 통해, 그러니까 강한 가치 평가를 통해 욕망할 수 있기 때문입니다.

이와 달리, 오늘날 우리가 흔히 들을 수 있는 자아 개념은 이미 도구화가 됐습니다. 다양한 형태의 자기계발로 최적화되어야 할 상품이 되었지요. 심지어 연애나 우정 같은 인간관계에서도 효율성을 따지게 될 정도로 말입니다. 우리는 자기 자신과 관계하는 일이 의미가 있고 그 자체로 목적으로 삼을 만해서가 아니라, 오직 행복과 성공을 성취하기 위한 유용한 도구가 될 때에만 그것을 활용합니다. 이러한 사회적 흐름 속에서 자아는 더 나은 성과를 좇는 개인의 또 다른 도구가 됐습니다. 내가 나 자신을 도구로 만들어버린 것이지요. 지금도 경영학과 자기계발의 권위자라는 사람들은 줄줄이 여러분 앞으로 와서 이렇게 말합니다. "당신의 가장 중요한 경영 도구는 당신 자신입니다!"

이러한 현상을 막기 위해, 이 책에서 강조하는 10가지 관점은 그 자체로 도덕적인 가치들로 구성했습니다. 바로 약속, 책임, 진실, 사랑, 용서 같은 것들이지요. 사람은 이러한 가치를 통해 보다 건강하게 자기 자신과 관계할 수 있습니다. 오늘날의 도구주의적이고 주관주의적인 흐름과는 달리, 저는 이런 가치가 여전히 존재하며 의미 있다고 생각합니다.

　반성적 관계로서의 자기 개념이 공동체에 의해 형성된다는 깨달음은 중요합니다. 여기에 자기 관계의 도덕적인 중요성을 강조한 테일러의 의견까지 결합하면, 우리는 자아의 도구화를 막을 수 있는 강력한 방패를 얻을 수 있습니다. 키르케고르가 말한 의미에서 자기는 물건이 아니며, 결코 도구나 상품이 되어서도 안 됩니다. 그것은 누군가가 최적화하거나 현금화해야 할 자원도 아닙니다. 우리는 그것에 가격을 매겨서는 안 됩니다. 자기는 오직 존엄성을 갖지, 가격을 갖지 않습니다. 자기를, 그러니까 우리를 구성하는 관계의 중요성을 잊지 않는 것은 삶을 보다 의미 있게 만드는, 본질적인 가치를 지닌 일입니다. 이러한 반성적 자기 관계가 없다면, 우리에게는 어떠한 책임도 의무도 도덕성도 남아 있지 않을 테니까요.

5장

삶을 새롭게 하는 힘은
나에게 있다

아렌트의 진실

"진리가 존재하지 않더라도
인간은 진실할 수 있다"

— 한나 아렌트

철학의 고전 목록
에 여성 철학자를 찾기 힘들다는 것은 분명 차별적이고
불미스러운 일입니다. 안타깝게도 20세기가 될 때까지
철학사에서 조명받았던 여성은 거의 없었지요. 18세기
영국의 작가 메리 울스턴크래프트(영국의 작가이자 페미
니즘의 선구자로, 『여성의 권리 옹호』를 저술했다—옮긴이) 정
도로 극히 소수만이 주로 여성의 권리와 평등을 주창한
사상가로 알려져 있습니다. 다행히도 요즘에는 선구적

인 철학자 가운데 여성이 많습니다. 지금부터는 20세기의 가장 중요한 철학자 가운데 한 사람을 다루려고 하는데요, 그 역시 여성입니다. 바로 한나 아렌트입니다.

독일 하노버의 진보적인 유대인 가문에서 태어난 아렌트는 드라마틱한 삶을 산 지식인입니다. 아렌트는 철학자 마르틴 하이데거의 지도를 받고 공부했고 이때 그와 잠시 연애를 하기도 했습니다. 하이데거는 나중에 나치에 대한 지지 행보가 발각되어 크게 비난을 받았는데요. 그를 옹호했던 아렌트도 함께 비판을 받았습니다. 1933년 히틀러가 권력을 잡았을 때 아렌트는 유대인 아이들이 팔레스타인으로 탈출할 수 있도록 도와주다가 나치의 위협 속에서 결국 프랑스로 달아나야 했습니다. 1940년 나치의 프랑스 침공 이후에 체포되어 수용소에 억류되었지만 다행히 아렌트는 수용소를 탈출하는 데 성공했죠. 나치에게 쫓기다 끝내 자살하게 된 철학자 발터 베냐민과 달리, 아렌트는 스페인과 포르투갈을 거쳐 미국의 뉴욕까지 무사히 도착하게 됩니다.

사유하고, 세상을 바꾸고, 의미를 찾는 존재

    뉴욕에서 아렌트는 중요한 사회 문제들을 연구하면서 거기에 철학을 적용하기 시작합니다. 그 가운데는 혁명과 전체주의의 등장을 다룬 연구도 있었습니다. 특히 제2차 세계대전의 전범인 아돌프 아이히만의 재판을 주제로 한 『예루살렘의 아이히만』은 한나 아렌트라는 이름을 세상에 널리 알린 연구서입니다. 아이히만은 나치의 끔찍한 전쟁범죄인 유대인 학살, 즉 홀로코스트의 설계자 가운데 하나로 1961년 이스라엘로 압송되어 사형을 선고받고 처형됩니다.

    아렌트는 그의 첫 재판을 다룬 글을 《뉴요커》에 썼고 나중에 아이히만을 '악의 평범성'을 보여주는 전형으로 묘사했지요. 물론 이 개념이 그가 저지른 행위 자체가 평범하다고 말하는 것은 결코 아닙니다. 끔찍한 범죄를 저지른 그의 개인적인 성격이 우리를 심란하게 할 만큼 평범했다는 말이지요. 유대인 학살을 저지른 아이히만이었지만 놀랍게도 개인적으로는 악마 같은 구석이 조금도 없었으며, 자신은 그저 독일제국의 시민으로서 의무를 다했을 뿐이라고 생각했습니다. 그가 저지른 범죄의 동기는 악의가 아니라 사유 없는 복종이었던 것입니다.

아렌트가 제시한 또 하나의 중요한 개념으로 '탄생성natality'이 있습니다. 이것은 인간이 태어나고 생명을 낳고 살아가는 과정에서 끊임없이 세계를 새롭게 만들어간다는 것을 말하는 개념이지요. 아렌트는 바로 이 개념에서 인간의 창조성이 지닌 희망을 보았습니다. 이는 당대의 주류 마르크스주의와 큰 차이가 있습니다. 탄생성의 관점에서 보면 인간은 경제와 같은 외부 구조에 의해서만 결정되는 게 아니라, 예상치 못한 방식으로 끊임없이 변화하고 성장할 수 있습니다. 바로 그렇기에 우리에게 자유롭게 행동할 능력이 있다는 것이지요.

또한 삶의 실존적 관점을 찾는 사람들에게는 아렌트가 1958년에 쓴 책『인간의 조건』역시 보석 같은 책입니다. 이 책은 그가 '활동적 삶vita activa'이라 부른 개념을 주로 다룹니다. 여기서 그는 인간이 세상에 다양한 방식으로 적응하는 활동을 세 가지로 나누었는데요. 기본적인 생물학적 필요를 충족하는 '노동', 기술을 생산하는 '작업', 문화 산물을 생산하는 '행위'로 각각 구분했습니다. 아렌트도 아리스토텔레스처럼 우리의 행위를 그 일을 하는 것 자체에서 충분한 의미가 나온다고 보았지요.[1] 다시 말해 행위는 그 자체로 목적이어야 합니다.

아렌트를 따라 의미 있는 삶을 구성하는 행위의 연결망을 들여다보면, 우리는 삶을 '조에zoe'(생물학적 생명)보다는 '비오스bios'(정치 공동체적 삶)로 인식하게 됩니다. 그리스 고전 철학자의 생각을 되살린 이 개념에서 '조에'는 인간이나 개, 고양이 같은 동물로서 존재하는 것을 말합니다. 그러나 인간은 이런 관점으로만 이해할 수 없습니다. 우리는 삶을 의미 있는 방식으로 능동적으로 살아가며, 그것을 의미 있는 다양한 이야기로 만들 수 있기 때문입니다. 바로 비오스, 일대기로서의 삶인 것이지요.

진리는 우리의 실천을 통해 세상에 드러난다

이러한 아렌트의 생각들은 20세기의 중대한 정치적 격변을 반영합니다. 아렌트의 표현을 빌리면 우리는 이 세상에서 '난간 없이 생각해야' 하는 상황에 처해 있습니다. 삶을 살아가기 위한 조건들이 끊임없이 변하는 불확실한 상황에 처해 있는 것이지요. 이러한 현실은 지금도 크게 다르지 않습니다. 우리는 어떻게 이런 현실의 한계를 딛고 우리 삶에 실제로 도움이 될 만한 관점을 끌어낼 수 있을까요? 『인간의 조건』의 아름다운 한 문장을 살펴보겠습니다. "진리가 존재하지 않는다 해도 인간은 진실할 수 있고, 신뢰할 만한 확실성이 없다 해도 인간은 신뢰할 수 있다."[2]

위의 문장은 아렌트가 근대 철학의 틀을 확립한 르네 데카르트에 대해, 그리고 종교의 중세 시대에서 과학과 이성의 계몽 시대로의 전환에 대해 다루는 부분에서 언급됩니다. 아렌트는 진리나 신뢰가 이 세상에 그냥 존재하는 게 아니라, 바로 우리가 서로에게 보여주는 진실성과 신뢰성을 통해 생겨난다고 말합니다. 그런 가치가 세상에 존재할 수 있도록 만드는 일이 우리 자신에게 달려 있다고 본 것이지요.

그렇다면 진실하게 말하고 믿을 만하게 행동하는 것은 왜 좋을까요? 사실 이런 현상의 효용 가치를 묻는 일은 본질을 왜곡할 위험이 있습니다. 진실과 신뢰성은 순수하게 그 활동 자체가 목적인, 본질적 가치를 지닌 개념이기 때문입니다. 로마 황제이자 스토아학파 철학자였던 마르쿠스 아우렐리우스도 같은 생각이었습니다. "모든 것이 마구잡이로 일어난다고 해서, 너 역시 마구잡이로 행동해서는 안 된다."[3]

우리가 불확실한 세상에서 살고 있다는 깨달음은 중요합니다. 사실 이처럼 세상이 끊임없이 변하고 있다는 느낌은 데카르트 시대 이후부터 계속 더 커지는 것 같아요. 빅뱅 이론과 고생물학, 지질학, 다윈의 진화론 같은 현대 과학의 관점에서도 산맥도, 수많은 생물종도 끊임없이 변한다고 말하니까요. 그런데 이런 생각을 계속 하다 보면 책 첫머리에 소개했던 우디 앨런의 우울한 분석처럼 삶에 의미가 없는 게 아닐까 하는 생각도 듭니다. 이처럼 뚜렷한 목적 없이 아무렇게나 끊임없이 변하는 세상의 본성을 철학 용어로는 '우연성'이라고 하는데요. 지금까지 계속 달라졌고 앞으로도 달라질 수 있다는 점에서 세상은 분명 우연적입니다.

그렇다면 이러한 우연적인 세상에서 삶의 의미를 찾고, 우리가 굳게 딛고 설 실존적 관점을 주장하는 것은 쓸데없거나 순진한 걸까요? 그렇지 않습니다. 아렌트를 비롯해 제가 소개하는 여러 철학자라면 우연성 자체보다 우리가 이 우연성에 어떻게 대응하느냐가 더 중요하다고 대답할 것입니다.

오늘날 우리는 이런 말을 격언처럼 듣고 삽니다. 누구나 예측 불가능한 시대에 살고 있으므로 유연하게 적응하는 것이 더 중요하다고 말이지요. 하지만 이런 주장은 지금 같은 상태를 유지하자는 말일 뿐, 현실의 문제를 분명하게 이해하고 대응하기에는 여전히 부족합니다. 좀 더 현명한 응답은 이런 것입니다. 안정성은 세상에 주어진 조건이 아니기에, 그것을 만드는 일이 바로 우리 손에 달려 있다고 말입니다. 우리는 보다 진실하게 말하고 믿을 만하게 행동하려고 애씀으로써, 이 우연적이고 유동적인 세상을 안정시킬 수 있습니다. 영원하고 변함없는 구조를 이 세상에 세울 수는 없겠지만, 몇몇 중요한 윤리적 가치를 관계 속에서 만들어갈 수는 있습니다. 그것은 어쩌면 우리가 바랄 수 있는 전부일 것입니다. 그러려면 삶에서 멀찍이 떨어진 채 삶을 대상화하지 말고, 그 내부의 구체적 현실에서부터 삶의 의미를 생각해야 합니다.

그런데 다윈의 진화론을 토대로 이러한 진실과 신뢰성의 정반대 입장을 옹호하는 사람도 있습니다. 특히 '거짓말'은 진화심리학이 각별한 관심을 기울이는 주제인데요. 진화심리학이란 우리의 신념과 행동이 유전자를 보다 잘 존속시키는 방향으로 발달한다는 가정을 토대로 합니다. 모든 사람이 항상 진실만 말하는 사회를 상상하는 것은 어렵겠지요. 우리는 상황에 따라 사려 깊고 윤리적으로 정당하다고 할 만한 거짓말을 수없이 떠올릴 수 있습니다. 하지만 이런 일상에서의 거짓말과 사회적 관계에서 이익을 얻기 위해 쓰이는 거짓말은 차이가 있습니다. "거짓말은 우리가 사회의 계층을 오르도록 도움을 주며, (…) 경쟁에서 유리할 수 있도록 기회를 준다."[4] 이런 식으로 거짓말에 긍정적인 기능이 있다고 말하는 진화심리학과 거짓말을 하나의 삶의 전략이라고 대놓고 합리화하는 추악한 행동은 사실 크게 다르지 않습니다.

물론 진화적 관점에서 보면, 우리가 거짓말을 잘 써서 이익을 얻는 것이 좋을 수도 있습니다. 하지만 여기서 우리는 이런 도구주의적 사고가 얼마나 위험한지 깨닫게 됩니다. 반대로 윤리적 가치가 아닌 효용 가치 때문에 진실을 말해야 한다는 주장도 위험합니다. 이 말은 효용 가치가 있고 이익을 얻을 수 있는 효과적인 방법이라면, 얼마든지 거짓말도 사용할 수 있다는 말이기 때문입니다.

물론 진화심리학자들이 대놓고 이득이 된다면 언제든 거짓말을 해도 좋다고 말하지는 않습니다. 하지만 그들은 적어도 거짓말을 우리 삶을 개선하는 하나의 수단으로 묘사함으로써 간접적으로라도 거짓말을 지지하고 있습니다. 왜 안 그러겠습니까? 순수하게 진화론적인 관점에서는 효용 가치 말고는 다른 척도가 없는데요.[5]

진실을 좇을 때 창조되는 것들

아렌트가 언급하는 진실은 실존적 진실입니다. 적어도 저는 그렇게 해석합니다. 아렌트의 진실은 과학적 진리가 아니라 우리가 삶을 사는 방식에서 나옵니다. 끊임없이 유동하는 이 불확실한 세계에서도 우리는 진실을 말하고 믿을 만하게 행동함으로써 안정성의 '섬'을 창조할 수 있습니다. 가족, 학교, 조직, 국가 같은 섬들은 우리가 그 가치를 믿고 지키며 끊임없이 재창조할 때에만 비로소 존재할 수 있습니다. 바로 이 지점에서 아렌트는 진실과 신뢰성이, 인간이 함께 살아가는 삶 속에서 부딪히는 요구이자 과제라고 말합니다.

물론 우리는 이런 요구와 과제에 등을 돌리고 살아

갈 수도 있습니다. 거짓말을 긍정하고, 유연성만 찬양하며 삶을 살아갈 수 있지요. 그러나 아렌트와 이 책의 다른 철학자들은 분명 진실을 선택하는 삶이 훨씬 더 인간적이며 존엄하다고 말할 것입니다.

진실에 대한 요구는 종종 다른 요구와 충돌할 수도 있습니다. 진실을 지키기 위해 큰 손해를 입거나 심지어는 생명을 잃을 수도 있지요. 인생의 가장 큰 비극은 우리가 언제든 이처럼 도저히 해결할 수 없는 딜레마 상황에 처할 수 있다는 것입니다. 그럼에도 실존적 진실에는 근본적인 존엄성이 있습니다. 우리는 그저 건강하거나 성공하거나 행복해지기 위해 진실을 말하지 않습니다. 물론 운이 좋아서 이 모두를 동시에 얻을 수도 있겠지만, 우리가 진실과 신뢰를 지키며 살아야 하는 이유는 오직 그것이 그 자체로 가치 있기 때문입니다.

6장

타인과 손잡지 않고
살아갈 수 없다

로이스트루프의 신뢰

"다른 사람과 관계를 맺는 일은
그의 삶 무언가를 손에 쥐는 일이다"

- 크누 아이레르 로이스트루프

덴마크 출신 철학
자 가운데 가장 잘 알려진 사람은 누구일까요? 단연 키
르케고르를 첫손에 꼽을 수 있을 것 같습니다. 앞선 4장
에서 그의 철학 개념을 다루었지요. 그렇다면 그다음으
로 꼽을 만한 철학자는 누가 있을까요? 저는 로이스트
루프라고 생각합니다. 오르후스대학교의 신학 교수였던
로이스트루프는 형이상학과 윤리학을 비롯해 광범위한
주제의 글을 썼습니다. 그의 사상이 기독교와 얼마나 관

련 있는지에 대해서는 논쟁의 여지가 있습니다. 다만 그의 저서 중에서 가장 잘 알려진 것은 1956년에 출간된 『윤리적 요구Den Etiske Fordring』인데, 이 책은 종교적 신념과 무관하게 인간이라면 누구나 한 번쯤 고민했을 법한 일반적인 윤리 현상을 다룹니다.[1]

로이스트루프는 신학 교수였지만, 일반적인 윤리학과 별도의 기독교적 윤리학이 필요하다고 생각하지 않았습니다. 그의 철학은 종교적이거나 형이상학적이라기보다는 현상학적입니다. 현상학은 말 그대로 현상에 대한 학문을 말하는데요. 세상에 대한 이론적인 지식을 다루는 것이 아니라, 인간인 우리가 세상을 어떻게 경험하는지를 다루는 학문입니다. 예컨대 우리가 윤리라는 개념을 제대로 이해하기 위해서는 다음과 같은 지식이 필요합니다. 우리가 윤리적인 행동을 할 때 뇌는 어떻게 반응하고 기능하는지, 협동심은 어떻게 진화했는지, 우리가 가진 이타주의적 성향의 유전자는 어떻게 살아남아 후대로 전해졌는지 말이지요.

하지만 현상학에 따르면 이런 지식은 인간이 경험

하고 인식하기 훨씬 전부터 존재하는 현상들을 다룹니다. 현상학의 관심사는 현상에 대한 지식이 아닙니다. 인간의 근본적인 삶의 경험을 다루고 묘사하는 것을 목표로 삼지요. 로이스트루프의 『윤리적 요구』가 다루는 핵심 주제도 바로 이런 윤리입니다.

우리는 서로에게 기대고 있다

로이스트루프는 윤리적 삶이 우리가 "과감히 앞으로 나가 만나게 되는" 것으로 이루어진다고 말합니다.[2] 다시 말해 윤리적 삶은 개인이 만드는 것이 아니며, 따라서 누구도 철회할 권리가 없는 요구입니다. 우리가 이런 요구를 무시하거나 의도적으로 파기한다고 해도, 여전히 그 요구는 어딘가에 존재할 것입니다. 그러니 우리 삶을 이루는 단단한 토대로 삼을 수 있지요.

우리는 로이스트루프가 상호 의존이라 부른 상태에서 살고 있습니다. 즉 서로 기대고 구해주면서 사는 것이지요. 넓은 의미에서 "과감히 앞으로 나가"는 행위는 우리가 다른 사람에게 적극적으로 의지한다는 뜻이기도 합니다. 그러려면 타인에 대한 신뢰가 필요한데, 실제로 로이스트루프는 자신의 저서 『키르케고르와의 대면^{Opgør} med Kierkegaard』에서 신뢰를 "삶의 최고 발현"이라 불렀습니다. 신뢰가 불신보다 실존적으로 우선하는 형태라고 말하지요.

사람은 세상에 태어나마자 곧바로 보호자를 신뢰하고 의지합니다. 불신은 그 이후에야 배우지요. 어른이 된 뒤에도 마찬가지입니다. 우리는 보통 누군가를 만날 때 기본적으로 그가 믿을 만하다는 전제 아래에서 만납니다. '몰래 카메라'에 쉽게 속게 되는 이유지요. 우리는 기본적으로 누군가에게 속는다고 생각하지 않고 보이는 대로 상황을 보며, 다른 사람들이 진실하다고 믿습니다.

우리가 다른 사람에게 관심을 가져야 하는 이유는 삶이 이처럼 상호 의존적이기 때문입니다. 삶은 기본적으로 "다른 사람과 어떤 식으로든 관계를 맺는 일"이며, 그것을 통해 "그 사람 삶의 무언가를 자기 손에 쥐게 되는 일"입니다.[3] 이를 토대로 로이스트루프는 '윤리적 요구'라는 개념을 이끌어냅니다. 윤리적 요구란 바로 "당신에게 건네진 다른 사람의 삶을 보살피라는 요구"이자 책임입니다.[4] 그는 이렇게 말합니다. "당신에게 의존하며, 당신의 권력(힘)이 닿는 범위 안에 있는, 다른 사람의 삶의 일부를 돌봐야 한다는 요구는 사람 사이의 근원적인 상호 의존과 직접적인 영향력에서 생겨난다."[5]

윤리적 요구와 책임은 우리가 서로에 대해 권력을 가지고 있고 그것을 행사한다는 사실에서 나오는 책임감으로 구성됩니다. 푸코 또한 권력이 사람과 사람 사이에 반드시 존재하는 현상이라고 말합니다. 로이스트루프 역시 우리가 다른 사람과 상호작용할 때는 반드시 그 사람에게 권력을 행사하게 된다고 말합니다. 푸코와 로이스트루프의 철학은 서로 다른 지점이 많지만, 두 사람 모두 권력을 삶의 기본적인 현상으로 본다는 데 공통점이 있습니다. 심지어 로이스트루프는 권력이 사람을 행동하도록 만든다는 점에서 생산적인 현상이라고 말합니다. 푸코와 생각이 같지요. 다만 로이스트루프의 관점에서는 권력으로부터 의무와 책임도 나옵니다. 우리가 타인을 돌봐야 할 의무가 있는 이유는 그것이 우리가 가진 권력으로 할 수 있는 가장 선한 일이기 때문입니다.

역사적으로 많은 조직과 기업은 권력으로부터 완전한 자유를 추구하는 움직임을 보여왔습니다. 하지만 권력은 반드시 제거해야만 하는 부당하고 부정한 것이 아닙니다. 오늘날 몇몇 경영 이론은 직장에서 권력 관계를 없애는 게 업무 효율 향상에 도움이 된다고 말합니다. 하지만 상호 의존 관계에 사는 사람들에게 권력으로부터 자유로운 공간은 없습니다. 우리가 중력으로부터 완벽하게 자유로운 곳에서 살 수 없는 것처럼 말이지요.

따라서 우리는 권력을 휘두르거나 제거해버리는 대신, 오히려 그것을 자기 자신을 위해서가 아닌 다른 사람을 위해 써야 합니다. 이것이 바로 윤리적 요구이지요. 이런 윤리적 요구가 없다면, 우리는 지금 생활하는 것처럼 상호 의존하는 삶을 살 수 없습니다.

이타성은 본성이다

제가 로이스트루프의 사상을 가르칠 때 많이 듣는 질문이 하나 있습니다. 바로 윤리적 요구가 어디에서 나오느냐는 것이지요. 우리는 묘사보다는 설명에 더 몰두하는 경향이 있습니다. 어떤 현상에 대해 들으면, 그 발생 기원에 대한 과학적 설명도 함께 듣길 원하는 거지요. 그런데 로이스트루프는 현상학적 관점에서 윤리적 요구를 묘사했을 뿐 진화심리학적으로 그 기원까지 설명하지는 않습니다. 진화심리학적 설명이 가능할지도 의문이지만, 설령 그럴 수 없다고 해도 윤리적 요구가 존재한다는 사실은 달라지지 않습니다.

윤리적 요구가 어디에서 나오는지 설명하자면, 로이스트루프도 언급한 것처럼 우리가 서로에게 의존한다는 사실로부터 나온다고 말할 수밖에 없을 텐데요. 책임이나 의무라고도 부를 수 있는 이러한 윤리적 요구는 인간의 자연적인 본성에서 나옵니다. 어떻게 인간이 매우 사회적인 종으로 진화했으며, 또한 개인의 삶이 서로 밀접하게 얽힐 수밖에 없는 이유가 무엇인지 진화론적 관점에서 설명할 수 있지요.

그러나 윤리적 요구가 어디에서 나오느냐는 물음 자체는 수학이나 논리연산의 타당성을 묻는 것과 유사합니다. '2+2=4'라고 누가 결정했나요? 그 사실이 어디에서 나오나요? 아무도 결정하지 않았습니다. 순전히 수학적이고 논리적인 사실로서 원래 그런 거지요. 두 개의 수소 분자가 산소 분자 하나와 결합하면 물이 된다고 누가 결정했나요? 이 역시 아무도 결정하지 않았습니다. 두 성분이 상호작용하면 순전히 화학적으로 그렇게 되는 거지요. 세상의 법칙이 원래 그런 것이지 우리가 그렇게 우기는 것이 아닌 것처럼요. 세상에는 사람이 만들지는 않았지만 우리가 창조적으로 살아갈 수 있도록 돕는 것들이 존재합니다. 물이나 논리, 윤리처럼 말이지요.

윤리적 요구가 어디에서 나오느냐는 질문에도 위와 같은 방식으로 대답할 수 있습니다. 서로 상호작용하는 사람이 자기 권력을 상대를 위해 쓰라는 요구는 누가 그렇게 정한 것이 아니라 원래 그런 것이라고 말이지요.

우리가 윤리적 요구를 창조한 것이 아니라 윤리적 요구가 우리를 창조합니다. 하지만 화학 공식과 달리 윤리적 요구는 기계적이고 인과적인 과정이 아니라, 논리처럼 규범적인 요구입니다. 이 요구에 응답할지 거부할지는 전적으로 우리에게 달려 있지요. 어떤 선택을 하든 윤리적 요구는 여전히 그 자리에 있습니다. 다른 사람에 대한 책임을 부정할 수도 있지만 그렇다고 그에 대한 책임이 줄어들지는 않지요. 우리가 비합리적으로 행동하길 선택했다고 해서 합리성의 정당성이 결코 줄어들지 않는 것과 마찬가지입니다.

이런 생각에 반대하는 사람들이 흔히 펼치는 주장은 윤리의 기준이 문화마다 서로 다르다는 것입니다. 윤리적 요구가 보편적이지 않다는 말이지요. 이런 주장에 대한 제 답은 다음과 같습니다. 첫째, 기본적인 윤리에는 우리가 생각하는 것보다 다양성이 훨씬 적습니다. 우리가 IS 같은 뒤틀린 이데올로기나 집단 학살자의 왜곡된 관점을 토대로 윤리적 관점을 정해서는 안 된다는 건 따로 언급할 필요도 없지요. 반대로 모든 위대한 종교나 문화적 전통에는 생각보다 공통점이 많습니다.[6] 사람들은 다양한 문화적 전통 속에서 살아가지만, 대부분 기본적으로는 서로를 신뢰하고 의지하며 살아갑니다. 우리는 얼마든지 다른 사람에게 악의적이고 파괴적으로 행동할 수 있는 잠재력을 가지고 있지만, 어디까지나 그런 행동은 지극히 예외적입니다. 물론 이런 폭력적인 스토리가 오늘날 미디어 콘텐츠 산업에서는 꽤 큰 비중을 차지하고 있습니다. 하지만 실제 현실에서 그런 일이 빈번하게 벌어진다면 우리에게 충격을 주지도 못할 것입니다. 따라서 윤리적 상호작용이 일반적인 행동 양식이라는 것은 부정할 수는 없습니다.

둘째, 표현 방식은 문화권마다 다양하지만 그렇다고 윤리적 요구라는 현실 자체가 달라지지는 않습니다. 윤리적 요구는 다수결로 채택한 것도 아니고, 누군가의 권한으로 폐지할 수도 없습니다. 문화와 시대에 따라 달라지는 것은 로이스트루프가 '도덕적 요구'라 부르는 것뿐입니다. 그는 도덕과 윤리의 차이에 대해 이렇게 말합니다. "근원적인 윤리적 요구에서는 사법적·도덕적·인습적 규칙도 끌어낼 수 없다. 그것은 침묵한다⋯. 사법 절차나 도덕, 인습은 윤리적 요구가 통과해 퍼져나가는 프리즘일 뿐이다. 그러므로 도덕과 인습은 윤리적 요구를 보여주는 동시에 굴절시킬 수 있다."[7]

어원을 봤을 때도 도덕morality과 윤리ethics는 다릅니다. 많은 철학자가 둘을 구분할 때 보편성과 가변성의 차이를 강조하는데요. 로이스트루프는 보편적으로 적용되는 윤리적 요구를 가리킬 때 윤리라는 개념을 씁니다. 도덕적 요구가 시대와 문화에 따라 달라질 수 있는 것이라면, 윤리적 요구는 문화보다 앞선 것입니다. 우리가 반드시 지켜내야 할 삶의 근본 조건이지요. 그것이 폐기될 수는 없지만 안타깝게도 잊힐 수는 있기 때문입니다. 특히 지금 같은 도구화의 시대에서는 '그래서 그게 나한테 무슨 이득이 되지?' 같은 질문이 갈수록 지배력을 키우다 보니 생각보다 쉽게 잊힐 때가 많습니다.

로이스트루프는 우리가 윤리적으로 행동하는 이유가 이득 때문이 아니라고 분명하게 말합니다. 우리는 그것이 옳기 때문에, 무엇을 얻거나 잃는지 여부와 관계없이 윤리적으로 행동합니다. 로이스트루프는 자기 자신과 자신의 필요에만 집중하는 경향이 인간 본성이라는 주장을 미심쩍게 바라봅니다. 상호 의존성을 무시하며 독립성과 자기 충족만을 앞세우는 지배적인 인간관을 비판하지요. "서로의 독립성을 존중해주는 것이 자신만의 자아 형성을 합리화하는 데 이용된다. 그러나 이는 결국 개성에 대한 광신적인 추종으로 끝나버리기 마련이다. 이런 결과를 낳는 것은 바로 모든 인간이 그 자체로 하나의 세계이며, 다른 사람들은 모두 그 세계 밖에 있다는 인식이다."[8]

그러나 우리는 폐쇄적이고 내향적인 존재가 아닙니다. 우리는 우리에게 의존하는, 그리고 우리가 의존하는 타인이 있는 쪽, 즉 '바깥'을 향합니다. 요즘 몇몇 교육 연구자는 자아 형성이 대단한 이상인 것처럼 말하지만, 정작 자아 형성 과정에서 참고할 만한 보편적인 기준은 내세우지 못합니다. 로이스트루프는 이러한 자아 형성, 그의 표현에 따르면 결국에는 개성에 대한 광신적인 추종으로 끝나버리기 쉬운 이 개념의 유행을 대단히 문제가 있다고 여깁니다. 소셜미디어에 셀카를 올리기 위해 외모를 가꾸는 데 열중하는 분위기 속에서, 사람들은 거의 광신적일 만큼 자신을 다듬습니다. 로이스트루프가 지금 시대를 살았다면 대단히 소외감을 느꼈을 테지요.

그는 우리가 한 인간으로 제대로 살아가기 위해 마땅히 관계해야 할 우리 바깥에 존재하는 것들, 예컨대 윤리적 요구나 신뢰와 같은 가치를 쉽게 잊는 지금의 현실을 비극으로 여겼을 겁니다. 그런 가치는 개인이 창조하거나 선택하는 것이 아닙니다. 우리가 생각하는 것보다 훨씬 더 항구적이며 근원적으로 존재하는 현상이며, 바로 그렇기 때문에 우리가 단단히 딛고 설 만한 실존적인 관점이 됩니다.

삶은 결코 폐쇄적이지 않다

로이스트루프는 우리가 항상 타인의 삶의 무언가를 우리 손에 쥐고 있다고 말합니다. 굉장히 적절한 은유입니다. 손은 세상에 적극적으로 관여하고 참가하는 우리 존재에 대해 중요한 사실을 말해주기 때문입니다. 손은 우리를 세상과 다른 사람들 가까이로 끌어당깁니다. 우리는 사물과 상황을 손으로 다루고, 그것을 통해 세상을 경험합니다. 물론 우리는 다른 사람을 조종manipulation할 수도 있습니다. 이 조종이라는 단어 역시 '한 움큼'을 뜻하는 라틴어 마니풀루스manipulus에서 나왔지요. 그러나 이는 그다지 권장하거나 감탄할 행위는 아닙니다.

로이스트루프는 '모든 인간은 그 자체로 하나의 개별적인 세계다'라는 관점에 도전했습니다. 이 과정에서 그는 '의식의 철학'과 충돌합니다. 의식의 철학은 17세기 데카르트 이후 칸트를 거쳐 현대의 뇌 연구까지 이어지는 지배적인 생각입니다. 인간은 의식에 의해, 의식이 자기 바깥의 세상을 관찰하고 재현하는 능력에 의해 정의된다는 주장이지요. 과거에는 이런 특징이 영혼에서 나온다고 생각했습니다. 요즘에는 뇌의 기능으로 여겨지지요. 그러나 의식으로 보든 영혼으로 보든, 이런 관점에서는 인식이 상당히 소극적인 활동이 됩니다. 세상에서 동떨어진 곳, 즉 우리 내면의 영혼이나 뇌 속에서 세상과 타인을 관찰하게 되니까요. 이런 관점에서 다른 사람들은 저 멀리에, 온갖 다른 대상 틈에 있는 것 중 하나에 불과합니다. 정신(영혼이나 뇌)을 지닌 개인이 대상에 의미를 부여할 수는 있겠지만, 저 바깥세상은 그 자체로는 의미가 없습니다. 이런 관점에서는 의미가 주관적이고 개인적입니다. 앞서 제가 소극적 허무주의라 부른 태도, 그러니까 의미를 찾기 위해 우리 내면을 들여다봐야 한다는 생각이 바로 이러한 관점에서 나오지요.

우리가 다른 사람 삶의 무언가를 손에 쥐고 있다는 로이스트루프의 관점에서는 다른 사람 역시 나와 마찬가지로 생각하고 행동하고 고통받는 존재라는 점을 상기시킵니다. 타인은 나의 창조물이 아닙니다. 그가 무엇을 필요로 하는지를 내가 정하지 않습니다. 따라서 우리가 타자와 어떤 관계를 맺고 있다는 것은, 필연적으로 그 관계에 윤리적 요구가 따른다는 사실과 연결됩니다. 여기서 손은 다른 사람과의 직접적인 접촉을 표현하는 은유가 됩니다. 우리는 다른 사람에 대한 내 관념, 곧 내

의식 속에 있는 주관적인 생각하고만 접촉하는 게 아닙니다. 이 문제와 관련해서는 다음 장에서 살펴볼 '사랑'이 이해를 도울 수 있을 것 같습니다. 타자는 내 의식의 반영이 아니라, 실제로 나와 완전히 다른 존재라는 통찰에서 사랑은 시작될 수 있습니다.

로이스트루프는 우리가 다른 사람들을 포함한 이 세상과 맺는 관계의 중심에 '손'을 놓음으로써 우리 삶의 직접적이고 적극적인 면을 드러냅니다. 우리가 타인의 의식과 외부 세계의 현실을 온전히 알고 인식할 수 있는지 고민하는 것은, 사람은 누구나 이미 타인과 관계를 맺고 세상과 연결되어 상호작용하는 존재라는 관점에서 보면 굳이 고민할 필요도 없습니다.

이런 맥락에서 손에 대한 의미 있는 은유가 하나 더 있습니다. 철학에 깊은 관심을 가졌던 사회학자 리처드 세넷은 도구화의 흐름 속에서 그 생존을 위협받고 있는 장인의 일에 깊이 매료되었습니다. 그는 장인의 일이 윤리의 토대도 될 수 있다고 강조했습니다. 세넷은 장인을 그 일 자체를 잘하려는 욕망과 사명감을 가진 존재로 정의합니다.[9] 외과의사든 목수든 프로그래머든 교사든 어느 한 분야의 장인은 자신의 일 그 자체에 몰두합니다. 세넷은 이것을 보다 넓은 관점에서 정의합니다. 완성도 높은 좋은 작업이 어떤 것인지 규정하는 특정한 기준을 가지고 업무를 수행하며, 그런 기준을 토대로 신참을 교육하기도 하는 창조적인 활동으로 말입니다.

하지만 오늘날 대부분의 일터에서 사람들을 움직이는 동기는 돈이나 승진 같은 개인의 성공입니다. 일 그 자체에 집중하는 장인과는 관심사가 아예 다르지요. 돈을 위해 일하든 개인적인 성공을 위해 일하든, 어쨌든 그들에게 일은 도구가 되어버립니다. 그게 반드시 잘못됐다고는 할 수 없을 것입니다. 하지만 세넷은 일 자체를 잘하기 위해 끊임없이 노력하고 마침내 훌륭한 경지에 도달하는 장인의 소망이야말로 우리가 삶의 의미를 보다 잘 이해하는 데 기여할 수 있다고 말합니다.

로이스트루프처럼 세넷도 장인의 활동에 의미를 부여하는 것은 타자, 그러니까 장인의 외부에 있는 존재에 대한 인식이라 말합니다. 다른 사람 삶의 무언가를 손에 쥐고 있다는 생각은 우리에게 필연적으로 윤리적인 요구를 합니다. 장인의 노력과 정성이 들어간 좋은 물건을 손에 쥐는 일도 마찬가지입니다. 그런 물건을 손에 쥘 때에는 필연적으로 어떤 감동을 느끼게 됩니다. 바로 우리 바깥에 존재하는 장인의 노력과 책임, 사명감을 느끼게 되는 것이지요. 이런 감동을 느낄 때면, 우리 역시 이에 응답해야 한다는 사명감을 가지게 됩니다.

장인의 일은 우리가 세상에 참여할 때 어떤 태도를 가져야 하는지 보여줍니다. 그것은 우리가 과감히 앞으로 나가 타자를 향하고, 세상에 자신을 활짝 여는 것을 전제로 합니다. 이처럼 세상과 타자에 적극적으로 관여하는 것이야말로 우리가 추구해야 할 근본적이고 윤리적인 이상이자, 로이스트루프가 표현한 윤리적 요구입니다. 이러한 이상은 우리에게 단단히 딛고 설 중요한 실존적 관점을 제공합니다. 파괴하지 않고서는 결코 도구화할 수 없는 삶의 단단한 관점이 되지요.

7장

남을 사랑하는 것이
자신을 사랑하는 길이다

머독의 사랑

"사랑은 우리 자신 외에 다른 무언가가 실재한다는 사실을 인정할 때 가능한 무척 어려운 깨달음이다"

– 아이리스 머독

지혜로우면서도 아름다운 글을 쓰는 철학자는 많지 않습니다. 제가 가장 좋아하는 철학자인 아이리스 머독은 그 소수에 해당하는 사람이지요. 철학과 심리학의 다양한 주제에 대해 날카로운 통찰로 정밀하게 글을 썼지만 세상에는 소설 작품으로 더 잘 알려져 있을 것 같습니다. 그는 1954년부

터 1995년까지 25권이 넘는 소설을 썼는데요. 2001년
에는 그의 생애를 다룬 영화 「아이리스」로도 이름을 널
리 알렸습니다. 배우 케이트 윈슬렛이 젊은 아이리스를,
주디 덴치가 나이 든 아이리스를 연기했지요. 영화에서
그의 철학을 중점적으로 다루지는 않습니다. 아이리스
와 그의 남편 존 베일리의 여러 해에 걸친, 관습과는 조
금 거리가 먼 연애 사건을 주로 다루었지요. 남자는 물
론 여자와도 많은 연애를 하는 모습과 말년에 알츠하이
머로 차츰 쇠약해지는 과정을 그렸습니다.

머독은 아일랜드 출신으로, 영국의 옥스퍼드대학교
와 케임브리지대학교에서 철학을 공부한 뒤 1948년에
옥스퍼드대학교의 선임연구원이 되었습니다. 1960년대
에는 전업 작가가 되지만 철학적인 글도 계속 썼습니다.
주요 저서인 『도덕 지침으로서의 형이상학Metaphysics as a
Guide to Morals』은 1992년에 출판되었지요. 그는 또한 실
존주의 철학자 장 폴 사르트르에 대한 책도 썼습니다.

머독은 분명 사르트르를 존경했지만 그의 사상은
날카롭게 비판했지요. 이것은 머독의 글에서 반복해서

등장하는 주제와도 연관이 있습니다. 머독이 보기에 실존주의의 문제는 개인에게 너무 많은 권력을 쥐여준다는 점입니다. 삶을 선택의 문제로 봄으로써 의미를 부여할 힘을 개인에게만 쥐여주었던 것이지요.

관심을 기울일수록 우리의 세계는 넓어진다

사르트르는 세상을 헐벗고 의미 없는 '즉자존재'와 인간의 의식을 가리키는 '대자존재'로 분리했습니다. 즉자존재란 마치 사물처럼 무언가를 의식하지 않고 그 자체로 있는 존재를 말하고, 대자존재란 대상을 의식하고 그렇게 의식하는 자기 자신도 의식하는 존재 방식을 뜻합니다. 사르트르는 "실존이 본질에 앞선다"라고 말하는데요. 사람에게는 미리 정해진 본성이나 운명 같은 것이 없으며, 우리 삶은 오직 스스로 선택하고 행동함으로써 의미와 형태를 부여할 수 있다는 뜻입니다. 예를 들어볼까요. 사르트르가 보기에 마르셀 프루스트는 『잃어버린 시간을 찾아서』라는 작품을 썼다는 행위 때문에 위대한 작품을 남긴 작가가 될 수 있었습니다. 그가 원래부터 위대한 작가였기 때문에 그냥 뛰어난 작품이 나온 게 아니라는 거지요.

이러한 사르트르의 입장에 따르면 의식은 개인과 별개로 존재하지 않고 우리의 선택과 행동에서 나옵니다. '실존하다exist'는 말은 '나타나다'라는 뜻의 라틴어에서 유래했는데요. 먼저 우리의 의식이 있어야, 세상에 의미나 목적, 가치가 생겨난다는 겁니다. 하지만 이런 생각은 실존주의를 일종의 주관주의로 만듭니다. 주관주의적 입장에서 의미는 오로지 개인의 가치 선택을 통해서만 생깁니다.

사르트르가 삶의 관점을 선택하거나 창조해야 하는 것으로 보는 반면, 머독은 관점이 선택될 때보다 주어질 때가 많다고 봅니다. 우리가 해야 할 일은 그렇게 주어진 것을 인식하고 발견하는 일이지요. 머독은 타인에게 관심을 가지고 우리 주변과 사회에서 일어나는 일에 충분히 관심을 가진다면, 별다른 문제없이 도덕적인 선택을 할 수 있다고 보았습니다. 여러 관점을 통해 무슨 일이 옳은지를 자연스럽게 알 수 있기 때문이지요.[1] 머독은 우리가 좋은 삶을 살기 위해서는 실존주의가 말하는 이것이냐 저것이냐 따지고 선택하는 것보다 중요한 게 있다고 말합니다. 바로 우리 주변에 있는 다른 사람들과 사회에, 그리고 다양한 상황에 따르는 사람들의 행동에, 그리고 주된 것은 아니지만 어찌 되었든 결국 자기 자신에게도 관심을 기울이는 것입니다.

타인을 이해한다는 말의 의미

아이리스 머독은 20세기 철학자 가운데 플라톤을 비롯한 고대 그리스 철학으로 눈을 돌린 몇 안 되는 사람입니다. 머독이 플라톤의 철학에서 발견한 것은 우리의 경험 너머에 진짜 현실이 있다는 인식과 선을 추구하는 힘입니다. 그는 '선의 주권the sovereignty of good'을 찬양하면서, 그것을 자신의 철학 에세이의 제목으로 삼기도 했지요.[2] 머독에게 선은 최고의 개념입니다. 다른 모든 개념을 판단하는 기준점이 되지요. 예를 들면 우리는 이런 식의 문답을 할 수 있습니다. '우리는 공평해야 한다. 그렇다. 그런데 공평은 항상 선한가?'

위와 같은 질문이 의미 있는 이유는 모두에게 공평해야 한다는 요구가, 우리가 사랑하는 사람을 특별하게 돌봐야 한다는 요구와 부딪힐 때도 있기 때문입니다. '우리는 진실을 말해야 한다. 그런데 진실은 항상 선한가?' 이것도 의미 있는 질문입니다. 도덕적으로 거짓말이 필요한 많은 상황을 떠올릴 수 있기 때문이지요. 우리는 이러한 딜레마 상황에 처했을 때, 공평과 진실의 가치를 보다 깊이 있게 성찰할 수 있습니다.

구체적인 어떤 것을 좋다고 말할 때 우리는 그것이 정말 선한지 꼭 살펴야 합니다. 반면에 선 그 자체가 선한지 묻는 것은 의미가 없습니다. 선은 정의상 늘 선하기 때문이지요. 머독에 따르면 인간으로서 우리는 선 그 자체는 정의하거나 완전히 이해할 수 없습니다. 우리가 할 수 있는 사고의 경계를 넘어서기 때문이지요.

그러나 다행스럽게도 우리는 구체적 상황에서는 어떤 것이 선인지 알아볼 수 있습니다.

머독은 이런 상황을 다음과 같은 우화로 재치 있게 설명합니다. 어느 시어머니가 있습니다. 그는 처음에는 며느리가 촌스럽고 예의 없다고 생각해서 좋아하지 않았습니다. 하지만 시어머니는 교양이 있는 사람이라서 그런 마음을 드러내지 않았지요. 그런데 차츰 며느리를 좋아하게 됩니다. 활발하고 솔직하며 아들에게 정말 좋은 배우자라고 말이지요. 그러나 우리는 시어머니에게서 눈에 보이는 변화는 찾을 수 없습니다. 며느리를 좋아하기 전이나 후나 그의 외적 행동이나 사르트르가 말하는 실존적 선택에는 변화가 없으니까요.

머독은 이 이야기를 시어머니가 며느리에게 관심을 기울이면서 자신의 편견에서 스스로를 해방하는 과정으로 해석합니다. 이야기의 핵심은 개인이 주관적 관점을 선택할지 말지 하는 문제가 아닙니다. 머독에 따르면 며느리를 제대로 인식하는 도덕적으로 더 올바른 방법이 있습니다. 바로 주관적 관점과 편견을 앞세워 인식을 흐리지 않고, 그에게 관심을 기울이는 것이지요. 이러한 과정을 통해 시어머니는 현실을 더 잘 볼 수 있게 됩니다. 머독에게는 관심이 가장 중요한 도덕적 가치입니다. 원칙적으로 그는 과학 연구나 도덕적 이해 사이에 차이가 없다고 봅니다. 둘 다 세상에 면밀하게 관심을 기울여 주관성을 넘어서는 보편성을 발견하는 거니까요.

이런 예시를 통해 우리는 어렴풋이 선을 이해할 수 있습니다. 그것의 구성 요소가 무엇인지 완전히 이해할 수 없다 하더라도 말이지요. 머독은 천사라면 선을 명확히 정의할 수 있을지 모르지만, 인간인 우리로서는 선의 정의를 완벽하게 이해하지 못할 거라 말합니다. 이런 관점에서 보면 선은 플라톤이 동굴 우화에서 묘사한 이데아처럼 형이상학적인 개념입니다.

이 유명한 우화에서 플라톤은 동굴 속에 갇힌 사람을 상상합니다. 동굴에 있는 사람이 알 수 있는 유일한 현실은 바깥의 불빛에 의해 투영되는 벽의 그림자뿐이지요. 동굴 벽에 나타난 그림자 형상은 동굴 밖 세상, 뜨거운 태양으로부터 빛과 생명을 얻는 진짜 세상의 조악

한 복제물에 불과합니다.

이처럼 플라톤은 우화적이고 형이상학적 관점에서 선을 이야기했지만, 머독은 경험을 토대로 선과 인간의 관계를 설명합니다. 머독처럼 세상에 선이 존재한다는데 강한 확신을 가진 사람이든 그렇지 않은 사람이든, 선이 개인의 의지나 경험과는 별개로 존재한다는 통찰에는 수긍할 수밖에 없습니다.

무엇이 선인지는 개인이 혼자 정할 수 없습니다. 선을 구성하는 것은 우리의 주관 너머에 있지요. 이것이 머독이 주장하는 도덕 실재론의 핵심입니다. 그러나 이런 생각은 철학계에서 인기가 없었습니다. 20세기 말 찰스 테일러와 존 맥도웰 같은 철학자가 다시 언급하기 전까지는 말이지요. 우리는 머독과 로이스트루프 사이에도 연결선을 그어볼 수 있습니다. 바로 두 사람 모두 도덕이나 윤리를 개인의 창조물이 아니라 개인 바깥에서 오는 의무로 본다는 점에서 말입니다.

사랑할 때 꼭 필요한 것

머독의 소설은 사랑을 많이 다룹니다. 그리고 그의 철학에서도 사랑은 주요한 주제입니다. 그래서 저는 머독의 관점에서 사랑의 본질을 이해할 때, 결코 도구화될 수 없는 실존적인 삶의 관점을 찾을 수 있다고 생각합니다. 사랑은 머독에게 상당히 크고 포괄적인 개념입니다. 그는 사랑을 이렇게 묘사하지요. "사랑은 개인의 인식이다. 사랑은 우리 자신 외에 다른 무언가가 실재한다는 사실을 인정할 때 가능한 무척 어려운 깨달음이다."[3] 다른 글에서 머독은 우리 바깥에 존재하는 무언가에 대해 관심을 가지고 올바르게 인식하는 것이 중요하다고 강조합니다. 이러한 관심과 사랑은 지식과도 연결되지요.

예를 들어보자. 러시아어를 배우는 사람은 키릴문자나 문법처럼 반드시 존중해야만 하는 어떤 권위적인 구조와 만나게 된다. 과제는 어렵고 목표는 멀다. 어쩌면 절대 목표에 도달하지 못할지도 모른다. 이처럼 공부는 나와는 독립적으로 존재하는 무언가를 차츰 알아가는 과정이다. 관심은 지식으로 보상을 받게 된다. 러시아 어에 대한 사랑은 내가 나 자신을 벗어나 낯선 무언가 로 나아가도록 이끈다. 그 낯선 무언가는 내 의식이 휘 어잡거나, 집어삼키거나, 부정하거나, 현실에 존재하지 않는 것으로 만들어버릴 수 없는 것이다.[4]

사랑에 꼭 필요한 것은 이처럼 자기 자신 바깥으로 이끌려가는 일입니다. 타자가 자신만의 방식대로 존재 할 수 있도록, "내 의식이 휘어잡거나, 집어삼키거나, 부 정하거나, 현실에 존재하지 않는 것으로 만들 수 없는 것"으로 존재하도록 말이지요. 사랑은 우리 바깥에도 세 상이 있고 나와는 완전히 다른 존재가 실재한다는 것을 받아들일 때에만 가능합니다. 머독은 그러한 사실을 받 아들이기 위해 정직과 겸손이 필요하다고 말하지요.

물론 우리가 말하는 사랑은 앞서 살펴본 예시처럼 언어를 사랑하는 일과는 조금 다릅니다. 우리가 말하는 사랑은 어디까지나 개인과 개인 사이의 사랑입니다. 우리는 다른 사람을 나와는 완전히 다른 존재로, 동시에 하나의 전체로서 사랑합니다. 라틴어에서 '개인individual'은 '나눌 수 없는indivisible'이라는 말과 동의어지요. 우리는 그저 평소 이상적으로 생각했던 외모나 성격, 취미 같은 것들을 모조리 갖춘 사람을 좋아하는 게 아닙니다. 그렇게 따로따로 분리할 수 있는 특성의 임의적인 조합을 사랑하는 게 아니지요.

심리학자 옌스 마멘에 따르면 인간이 동물과 다른 점은 구체적 실체를 인식한다는 것입니다.[5] 우리는 시간이 흐르고 공간이 달라져도 애정을 갖고 있는 고유한 개별 사물이나 개인을 알아볼 수 있습니다. 예컨대 일란성 쌍둥이처럼 질적으로는 키, 몸무게, 성격 같은 자질을 공유하고 있다고 해도, 둘은 여전히 각자 고유한 존재입니다. 우리 앞에 지금 사랑하는 사람보다 더 강하고 몸매가 좋고 영리하고 취향에 딱 맞는 외모를 가진 사람이 나타날 수도 있지만, 그런 특성을 모조리 갖췄다고 해서 사랑이 기계적으로 솟아나지 않습니다.

이런 관점에서 보면 오늘날 이야기되는 사랑의 개

념에는 문제가 있습니다. 예를 들어 결혼정보회사 같은 곳에서는 개인을 외모나 학력, 재산 정도에 따라 등급을 매겨 점수로 표시합니다. 우리는 특정 요구 조건에 맞는 파트너를 찾지만 이는 결국 타인을 그런 특성의 합으로만 축소시킨 행위입니다. 이런 특성은 개선될 수도 있고, 언제든 그런 특성을 훨씬 더 많이 가진 사람이 나타날 수도 있습니다. 하지만 여러분은 좀 더 높은 등급의 사람이 나타났다고 사랑하는 사람을 바꾸겠습니까?

머독에 따르면 진짜 사랑은 다른 무엇으로도 대체할 수 없습니다. 조금 감상적인 예를 하나 들어보겠습니다. 저희 집에는 팔걸이가 계속 떨어지는 오래된 흔들의자가 하나 있습니다. 그러나 이 의자는 가족이 매우 아끼는 보물입니다. 물론 이 의자보다 좋은 의자를 살 수도 있겠지요. 그러나 그건 저희 가족이 아끼는 낡은 의자와 같은 물건이 아닙니다. 저와 제 가족은 바로 그 낡은 의자를 대체 불가능한 고유하고 유일한 것으로 사랑합니다. 이런 애정은 그저 의자가 지닌 개별 특성의 합에서 나오는 게 아닙니다.

나 자신을 사랑하는 유일한 방법

그런데 요즘 들어 신조처럼 여겨지는 사랑이 있습니다. 바로 '자신을 사랑하라'는 것입니다. 서점에서 엇비슷한 제목의 자기계발서를 굉장히 많이 볼 수 있지요. 전형적으로 이런 책들은 자기 자신을 있는 그대로 받아들이고 긍정하라고 말합니다. 하지만 사랑의 개념을 우리 자신과의 관계에만 적용하는 것은 문제가 있습니다. 머독에 따르면, 우리는 엄밀한 의미에서 스스로를 사랑하지 못하니까요.

사랑한다는 것은 자기로부터 벗어나, 나와는 완전히 다른 존재에게 관심을 갖는 것을 뜻합니다. 그러므로 사랑은 자기를 잊는 것, 그럼으로써 다른 누군가에게 자기 자신을 내주는 일입니다. 우리는 자신에게 스스로를 내줄 수 없습니다. 자기에게 돈을 꿀 수 있는 사람이 없듯이 말입니다. 머독은 사랑이 필연적으로 다른 사람과의 관계를 전제로 한다고 말합니다. 성적인 부분도 마찬가지입니다. 물론 우리는 자위행위를 할 수도 있지만,

그때에도 보통 상상의 타자가 있지요. 사랑은 우리에게 성적인 의미의 사랑을 포함해서, 늘 우리 자신을 넘어서기를 요구합니다.

성경에는 "네 이웃을 네 몸처럼 사랑하라"라는 말이 있습니다. 저는 이 말이 자기계발서에서 말하는 수단으로서의 사랑을 강조하는 예시로 쓰이는 걸 이해할 수 없습니다. 자기계발서에서는 우리 자신을 사랑하는 것이 행복을 얻거나 자존감을 개선해서, 결국 다른 사람이 우리를 사랑하도록 만드는 수단으로 여깁니다. 그건 도구적 사랑이지요. 이런 생각은 사랑을 맞교환 관계로, 일종의 거래로 만들어버립니다. 그건 분명 이웃을 사랑하라는 말이 전하려는 원래 의도가 아닙니다.

자기계발서에서 종종 사용되는 또 다른 예시가 있습니다. 비행기 객실의 기압이 떨어져서 산소마스크를 써야 하는 상황에서는 아이들을 도와주기 전에 먼저 자신부터 마스크를 쓰라는 것입니다. 다른 사람을 돕고 사랑하기 앞서, 우리 자신을 돕고 사랑하라는 말이지요. 기압이 떨어진 비행기 객실에서야 이런 지시를 따르는 게 현명하겠지만, 저는 이 비유가 사랑을 적절하게 묘사한다고 생각하지 않습니다. 자신과는 완전히 다른 무언가가 실재한다는 사실을 인식하는 것에서 사랑이 시작한다는 머독의 통찰에 일말의 진실이 있다면 말이지요. 게다가 이 산소마스크 비유는 우리가 부딪히는 진짜 문제를 오해하게 만듭니다.

　오늘날 많은 사람이 처한 상황을 비유적으로 말하면, 각자 자기 자리에 앉아 산소마스크로 숨을 쉬고 있는 셈입니다. 우리는 흔히 이를 마음 챙김이나 자기계발이라 부르지요. 하지만 정작 조종석에 조종사가 앉아 있기는 한지, 또는 있다 해도 모두 기절한 건 아닌지에 대해서는 절대 의문을 품지 않습니다. 우리는 자신을 계발하는 일에만 몰두하느라 우리가 속한 더 큰 구조나 그 구조의 발전 자체를 위협하는 더 큰 사회적 문제는 전혀 신경 쓰지 않고 있습니다.

　우리가 사회 문제에 관심을 가지려면 머독이 말한 의미의 사랑이 필요합니다. "사랑은 우리 자신 외에 다른 무언가가 실재한다는 사실을 인정할 때 가능한 무척 어려운 깨달음이다"라는 문장 뒤에는 이런 구절이 이어집니다. "예술과 도덕도 사랑과 마찬가지로 현실의 발견이다."[6]

오늘날 많은 사람은 이런 현실보다는 자기 자신을 발견하는 일에 더 많은 관심이 있는 것 같습니다. 어쩌면 자기가 느끼는 것만이 현실이라고 착각하고 있는지도 모르지요. 사랑 역시 그저 감정일 뿐이라고 생각합니다. 그 결과 우리는 사회학자 앤서니 기든스가 '순수한 관계'라 부른 것을 사랑으로 착각하게 됩니다. 순수한 관계란 긍정적 감정이 나오는 동안에만 의미 있고 그 감정이 증발하면 곧바로 의미 없어지는 것을 말하지요.

유명한 철학자 버트런드 러셀은 자서전에서 이런 일을 털어놓습니다. 1901년 어느 날, 그는 밖에서 자전거를 타다가 자신이 더 이상 아내를 사랑하지 않는다는 사실을 깨달았다고 합니다. 그는 즉시 자전거를 타고 집으로 돌아가 아내에게 상황을 말한 뒤 이혼하고 싶다고 말하지요. 이것이 첫 번째 아내와의 일로, 사실 그는 평생 네 번이나 결혼합니다.

여기서 러셀에게 사랑은 감정과 동일시됩니다. 좋은 느낌이 사라지면 사랑도 떠나는 거지요. 논리적으로 보입니다. 그러나 사랑이 단순히 좋은 감정만으로 구성되는 게 아니라면요? 사랑이 타인과 맺는 밀접한 관계이며, 따라서 설렘과 기쁨에서부터 분노와 질투에 이르기까지 온갖 감정을 모두 가지고 있는 거라면요? 만약 그러한 사랑의 본질을 단지 순간의 느낌이나 좋은 감정으로만 여기고 있다면, 우리 삶에서 가장 중요한 부분을 크게 오해하고 있는 게 아닐까요?

머독은 사랑을 말할 때 느낌이 아닌 깨달음이라는 단어를 썼습니다. 사랑은 특정한 감정이나 느낌만으로 설명할 수 없기 때문입니다. 사랑을 그렇게만 설명한다면, 우리가 말하는 사랑은 너무나도 가볍고 가변적인 것이 됩니다. 사랑을 그렇게 정의해서는 안 됩니다. 우리는 사랑을 자기애를 넘어 지속적인 관심을 다른 이에게 꾸준히 쏟는 것으로 여겨야만 합니다. 그래야 사랑이 의미 있는 것이라고 말할 수 있으니까요.

머독은 왜 사랑이 무척 어려운 깨달음이라고 했을

까요? 우리가 갈수록 자기 자신에게 매몰되는 시대를 살고 있기 때문입니다. 오늘날에는 좋은 뜻을 지닌 개념들, 예컨대 신뢰나 가치, 사랑 같은 말 앞에 '자기self'라는 접두어가 붙는 유행이 있습니다. 그 결과 그 개념이 지닌 본래 의미가 파괴될 위험에 처해 있지요. 물론 다른 사람에 대한 관심을 끊임없이 쏟을 수 있는 사람은 거의 없습니다. 천사나 성인만 그렇게 할 수 있을 테지요. 그러나 저는 하나의 이상이나 당위로서, 우리가 그런 관심을 가지려고 애쓸 필요가 있다고 생각합니다.

사랑이 그저 순간순간의 감정에 불과하다는 말은 우리 사회에서 일어나고 있는 광범위한 도구화 현상과도 너무 잘 연결됩니다. 이런 흐름 속에서 다른 사람은 오직 나에게 이득이 될 때에만, 긍정적인 감정을 줄 수 있을 때에만 소중하게 여겨지지요. 사랑하는 사람 역시 그저 개인적인 행복을 얻기 위한 도구가 될 테고요. 저명한 심리학자 칼 로저스는 사람 사이의 관계가 "각자의 경험을 강화하고 향상시키는" 한에서 유지될 필요가 있다고 말합니다.[7] 그렇다면 사랑하는 사람이 거동도 못할 정도로 심하게 아파서 그를 하루 종일 돌봐야만 한다면 어떻게 할까요? 사랑하는 사람과 함께하는 일이 더 이상 나의 만족과 향상을 보장해줄 수 없다면요?

머독의 메시지는 사랑이 단지 주관적인 느낌이 아니라 우리 바깥에 존재하는 다른 무언가에 대한 관심과 애정을 기울이는 과정 그 자체라는 것을 알려줍니다. 우리는 굳이 우리 자신을 사랑하려고 애쓸 필요가 없습니다. 타인을 사랑하는 것이 곧 우리 자신을 사랑하는 유일한 방법이기도 하니까요. 사랑은 도구화되는 순간 그 의미를 상실합니다. 사랑은 오직 이런 것입니다. "널 사랑해, 이상!I love you, period." 바로 미국의 록밴드 조지아 새틀라이츠의 댄 베어드가 노래한 것처럼 무조건적이지요. 우리가 도구화의 물결에 휩쓸리지 않고 사랑의 진짜 의미를 지키기 위해서는 이 말을 늘 기억해야 합니다.

8장

용서는 자신에게 주는 선물이다

데리다의 용서

"용서는 오직 용서할 수 없는 것을 용서하는 일이다"

- 자크 데리다

이번 장에서 다룰 철학자는 몹시 독창적이고 영향력 있는 철학자이지만 학계의 문제아로 비난받기도 합니다. 그의 사상은 대단히 도발적이어서 수많은 지적 논쟁에 뜨겁게 불을 붙였지요. 그 주인공은 바로 자크 데리다입니다. 1992년에 데리다는 케임브리지대학교에서 명예박사 학위 수여자로 지명되는데요. 뜻하지 않게 영국과 해외의 주요 철학자들이 반대의 목소리를 내면서, 그를 어처구니없는 다

다이즘의 전통을 잇는 지적 사기꾼이자 하찮은 선동가라 부르며 학위 수여에 반대했습니다. 투표까지 치른 결과 336표 대 204표로 결국 학위를 받기는 했지만, 찬성표를 던진 사람은 주로 문학과 미학 전공자들인 반면 철학자들은 대부분 반대표를 던졌습니다.

이러한 적의는 왜 생겼을까요? 사실 데리다의 철학은 일반적인 철학의 관점에서는 조금 짓궂습니다. 그의 가장 유명한 구호는 다음과 같습니다. "외부-텍스트는 없다." 이 말은 "텍스트 바깥에는 아무것도 없다"라고 잘못 번역되는 경향이 있는데요. 굉장히 도발적인 오역입니다. 세상 모든 것이 결국 텍스트에 불과하다는 말로 보이기 때문이지요. 물리적이거나 생물학적 현상조차 실체가 없는 것이라는 엉뚱한 말로 들립니다. 원래 문장을 정확하게 번역하면 이런 오해가 없어집니다. 단지 텍스트가 다른 텍스트와 관계를 맺었을 때 의미가 생겨난다는 말이기 때문입니다.

간단한 예를 들어봅시다. '어머니' 같은 단어는 그 자체로, 따로 떨어진 언어적 표현으로는 의미가 없습니다. 아버지, 아이, 여자 등 다른 단어와의 관계망 안에서만 의미가 있지요. 개별 요소들은 이처럼 더 큰 구조 안에서만 의미가 있고, 텍스트 또한 콘텍스트(맥락) 안에서만 의미가 있습니다. 따라서 어떤 표현의 의미를 포착하기 위해 표현 사이의 관계망을 상세히 조사해 나타내는 것이 구조주의 철학의 큰 과제였습니다.[1]

허무주의로도 해체될 수 없는 것

데리다는 포스트구조주의 철학자 중에서 가장 중요한 인물입니다. 포스트구조주의는 구조주의와 달리 의미를 만들어주는 고정된 구조가 있다는 생각을 버렸습니다. 데리다의 철학에서 낱말이나 어구, 기호와 상징은 고정된 의미가 없습니다. 데리다의 표현을 빌리면 그것의 의미는 "영원히 연기"됩니다. 다른 기호(텍스트)를 가리키는 기호의 끝없는 연쇄 속에서 본래의 의미를 찾지 못한 채 의미로부터 계속 미끄러지는 것이지요. 따라서 우리는 누군가가 쓴 어떤 낱말이나 문장, 소설의 본래 뜻이 정확히 어떤 의미인지 영원히 알지 못합니다. 이러한 인식은 의미 자체에 대한 불신으로 이어져, 철학자들이 포스트구조주의를 비판하는 배경이 됩니다.

포스트구조주의를 비판하는 이들이 데리다를 불편하게 여기는 점이 바로 이 지점입니다. 그의 철학을 대표하는 용어인 '해체'는 텍스트의 의미가 고정적이지 않다는 것을 보여주는 말일 뿐만 아니라, 그에 대한 대안적 의미까지 제시하는 포스트구조주의 지적 운동을 일컫기도 합니다. 1960년대 후반부터 특히 프랑스와 미국에서 크게 유행했지요.

해체는 그 본질상 완결될 수 없고 영원히 이어지는 활동입니다. 데리다는 이런 특성을 무척 윤리적이고 정치적인 것으로 여겼습니다. 사이먼 크리츨리에 따르면 데리다의 해체 개념은 기존의 진리와 우리 시대의 자아도취적 자아상과 적극적으로 싸우며 세상을 윤리적으로 읽는 방식이라고 볼 수 있습니다.[2]

데리다는 단지 모든 것을 파괴하려고 나선 무책임

한 사상가가 아닙니다. 오히려 그는 크리츨리의 말처럼 대단히 윤리적인 사상가입니다. 그의 대표적인 주장 가운데 하나는 정의는 해체할 수 없다는 것입니다. 바로 이것이 허무주의로부터 세상을 보호하는 데리다의 방어벽이지요.

그런데 데리다의 철학은 정말 다른 철학과 대립만 하는 걸까요? 앞에서 다룬 아이리스 머독의 사상과 데리다의 사상을 비교하면 어떨까요? 우리가 가진 고정관념을 해체하는 데리다의 과업과 타자에 대한 관심을 강조한 아이리스 머독 사이에는 물론 큰 차이가 있습니다. 저 역시 그 차이를 가볍게 보지는 않지만, 데리다가 다른 철학자들과 인식을 공유하는 부분도 꽤 있다고 생각합니다.

이를테면, 데리다의 철학은 에마뉘엘 레비나스의 철학과 꽤 비슷한 부분이 있습니다. 레비나스의 철학은 앞서 다루었던 로이스트루프의 철학과도 유사점이 있는데요. 두 사람 모두 다른 사람과의 만남에서 생겨나는 인간의 윤리적 경험을 중시합니다. 레비나스는 이렇게 타자와의 만남이 일어나는 자리를 '얼굴'이라는 용어로 표현했지요. 이번 장에서는 이러한 유사성을 고려하면서 인간의 실존을 탐구한 데리다의 철학을 살펴보려 합니다.

용서할 수 없는 것만 용서할 수 있다

앞에서 우리는 사랑에 대해 이야기를 나누었습니다. 사랑과 용서는 서로 종종 연결되는데요. 우리가 쉽게 상처입히는 사람은 주로 사랑하는 사람인 경우가 많기 때문입니다. 순간의 잘못에 의해서든 오해에서든, 우리는 사랑할 때 필연적으로 상처를 주고받습니다. 사실 삶이 서로 긴밀하게 얽혀 있을수록 상처 또한 주고받기가 쉬운 것이지요. 하지만 우리는 그렇게 상처를 준 사람을 용서할 수도 있습니다. 바로 이때 용서의 문제가 중요해집니다. 우리는 구체적으로 어떤 것을 용서할 수 있을까요? 모든 것을 용서하는 일은 가능할까요?

세상에는 용서의 한계를 시험하는 극단적인 상황들이 있습니다. 덴마크 영화감독 닐스 말므로스의 「슬픔과 기쁨Sorg og glæde」은 과거 감독 자신에게 일어난 비극적인 사건을 다룬 영화인데요. 이야기가 조금 독특합니다. 정신질환을 앓고 있던 그의 아내가 퇴원해서 잠시 집에 돌아왔을 때, 그만 태어난 지 9개월 된 딸을 죽이고 만 것입니다. 그 끔찍한 비극이 일어난 뒤에도 부부는 여전히 사건이 일어났던 그 집에서 함께 삽니다. 흔히 사랑은 모든 것을 극복한다고 하는데요, 이 말을 말므로스만큼 권위 있게 할 수 있는 사람은 많지 않을 겁니다.[3]

이 영화는 보통 용서를 다룬다고 해석됩니다. 하지만 정작 말므로스는 그런 해석을 부정하지요. 그는 이렇게 말합니다. "죄가 없는 곳에서는 용서가 필요하지 않습니다."[4] 말므로스는 아내에게 죄가 없다고 생각한 것이지요. 그의 아내가 아이를 죽인 것은 병 때문에 자기 행동을 통제할 수 없었기 때문이니까요. 그럼에도 우리는 이 이야기에서 말하는 용서가 정말 가능한 것인지 고민하지 않을 수 없습니다. 실제로 경험하지 않으면 알 수 없겠지만, 어쨌든 쉽게 용서할 수 있을 것 같지는 않습니다.

흔히 사람들은 용서할 수 없는 것들이 있다고 합니다. 그런데 정말 그럴까요? 용서에 대한 데리다의 놀라운 주장이 끼어드는 지점이 바로 여기입니다. 그는 오직 용서할 수 없는 것만이 용서될 수 있다고 말합니다. 그의 표현을 빌리면 "용서는 오직 용서할 수 없는 것을 용서하는 일"입니다.[5] 그가 이렇게 말하는 이유는 단순합니다. 쉽게 용서할 수 있는 것이라면 처음부터 애써 용서할 필요도 없을 테니까요. 오직 용서할 수 없는 것만이 용서를 강하게 요구하기에, 용서는 그 불가능성 덕택에 비로소 가능해집니다. 용서가 불가능하다는 역설이 바로 용서를 가능하게 만드는 것이지요.

이건 웃자고 하는 말장난이 아닙니다. 우리 삶에 대한 깊이 있는 통찰이지요. 이런 현상을 철학 용어로는 '아포리아aporia'라고 합니다. 이 개념은 '난처함'을 뜻하는 그리스어에서 나왔는데요, 일종의 막다른 상태나 어려운 상황을 뜻합니다. 오직 결단과 행동만이 이런 막다른 상태를 끝낼 수 있습니다. 데리다에 따르면 진실한 용서에는 다른 목적이나 이유, 목표가 없습니다. 그것은 효용 가치를 따지는 온갖 계산을 헤치고 새로운 길을 내는 행위입니다. 그 자체로 목적이 되지요.

데리다는 아파르트헤이트(남아프리카공화국에서 행해졌던 극단적인 흑인 인종차별 및 분리 정책—옮긴이) 이후, 남아프리카공화국과 다른 지역에서 국가 재건 과정의 일부로 이루어진 화해 과정을 자세히 살핍니다. 데리다는 화해 자체에는 반대하지 않습니다. 하지만 그는 국가 재건의 맥락에서 용서를 이용하는 것이 자칫 더 나쁜 결과를 낳을 수 있다고 지적합니다. 그는 용서가 사회 통합을 장려하거나 보복 공격을 막기 위한 도구로 쓰이게 된다면, 결국 거래의 논리에 굴복하는 것이라 말합니다. 무조건적인 용서가 아니라 뭔가를 얻기 위한 용서라는 것이지요.

진짜 용서, 다시 말해 용서할 수 없는 것을 용서하는 일은 무언가를 돌려받기 위한 것이 아닙니다. 용서는 무조건적입니다. 왜 용서해야 하는지 물을 필요도 없습니다. 이유를 묻고 생각하는 순간 우리는 용서를 도구로 만들어버리고, 그 의미 자체를 파괴하게 되니까요.

어쩌면 우리는 개인적인 만족감을 얻거나 타인과의 관계를 회복하기 위해, 또는 모든 것을 털어내고 새 출발을 하기 위해 용서할 수도 있습니다. 하지만 그런 용서는 다른 목적에 의존하고 있기에 진정한 용서가 아닙니다. 무조건적인 용서는 도구화의 논리를 거스릅니다. 상당히 도발적이며, 합리성에 대한 일반적인 인식을 과감히 깨지요.

2015년 프랑스의 풍자 잡지《샤를리 에브도》는 끔찍한 테러 공격을 당한 이후 처음 발간한 잡지의 첫 페이지에 "모두 용서한다"라고 선언했습니다. 매우 급진적이고 충격적인 메시지인 동시에 윤리적인 반응이었지요. 복수를 하지 않겠다는 선언이 처음에는 약해 보일지 모르지만, 실제로는 믿을 수 없을 만큼 강한 힘을 발휘합니다.

《샤를리 에브도》의 사례는 또한 상처 입은 당사자만이 진정한 용서를 할 수 있다는 사실도 보여줍니다.

예를 들어 그 상황에서 프랑스 대통령이 나서서 테러리스트를 용서하겠다고 말하는 것은 있을 수 없지요. 오직 공격당하거나 피해를 입은 사람만이 용서할 자격을 갖습니다.

'환대'에 대한 데리다의 유명한 해석도 마찬가지입니다. 우리는 오직 환영받지 못하는 것만 환대할 수 있습니다. 초대받고 환영받은 사람, 또 우리에게 필요한 사람이라면 그에 걸맞은 대접을 하면 되지, 구태여 환대까지 할 필요가 없습니다. 환대란 집을 활짝 열고 손님에게 '집처럼 편하게 지내요!'라고 말하면서 자기 공간의 지배권을 넘겨주는 행위입니다. 종교도 비슷한 예시의 하나로 들 수 있습니다. 종교적 믿음은 쉽게 믿을 수 없는 것을 믿는 일이지요.

누구나 믿을 수 있는 것, 이를테면 '2+2=4' 같은 수학 공식이나, '런던은 영국에서 가장 큰 도시다'라는 사실을 믿는 데는 특별한 노력이 필요 없습니다. 이런 것은 그냥 지식이고 상식이지요. 그러나 동정녀 마리아의 몸에서 성령을 통해 예수가 태어났다는 이야기나 영생에 대한 믿음은 지식과는 완전히 다른 문제입니다. 이런 일들은 도구적 논리를 거스릅니다.

우리는 인기나 이익을 얻기 위해 환대하지 않습니다. 건강해지고 더 오래 살기 위해 종교적 신념을 가지지도 않지요. 물론 통계적으로는 어느 정도 상관관계가 있는 것처럼 보이기도 하지만요. 우리는 환대하기 위해 환대해야 합니다. 믿기 위해 믿어야 하지요. 그리고 용서하기 위해 용서해야 합니다.

삶을 해방시키는 일

용서에 대한 데리다의 해석은 우리에게 다음과 같은 가르침을 줍니다. 첫째, 진정한 용서는 무조건적이라는 것입니다. 용서가 수단이 된다면 더 이상 용서일 수 없으니까요. 둘째, 용서할 수 없는 것만 용서될 수 있다는 것입니다. 진짜 용서, 예컨대 앞에서 우리가 살펴본 말므로스의 용서 같은 것은 우리가 쉽게 이해하기 어려운 것입니다. 오늘날 우리는 사람과 사람 사이의 일을 상호성과 대칭성, 예컨대 하나를 주면 하나를 받는다는 논리로 이해합니다. 반면 용서라는 개념은 관계가 상호적이고 대칭적이어야 한다는 생각에 명백하게 도전합니다. 다른 어떤 실존적 관점들보다도 강하게 말이지요. 데리다는 "네가 용서를 구하고 앞으로 달라지겠다고 하면 널 용서할게"라는 식으로 조건이 붙는 용서는 진정한 용서가 아니라고 말합니다.

용서의 이해할 수 없는 특성 때문에 데리다는 용서를 '불가능의 광기'라 표현합니다. 불가능의 광기는 윤리적 기준을 토대로 하고 있는 것이며, 병리적 광기와는 당연히 완전히 다릅니다. 이런 용서가 광기인 이유는 어떠한 손익 계산이나 합리성을 넘어서기 때문입니다. 모두가 인정하는 합리적이고 이해할 수 있는 용서는 진정한 용서가 아니니까요.

우리는 대개 무언가를 얻기 위해 용서하라는 말을 듣습니다. 예를 들어 잭 콘필드는 『초보자를 위한 용서 안내서The Beginner's Guide to Forgiveness』에서 용서가 우리에게 이득이 되기 때문에 반드시 필요하다고 주장합니다. 그의 웹사이트에는 이런 문구가 있습니다.

> 콘필드는 용서가 우리의 건강과 행복을 위해 꼭 필요하다고 말한다. 개인적 차원과 사회적 차원 모두에서 말이다. 그리고 어떻게 용서를 통해 상처를 치유하고, 나아가 서로를 이해하게 되는지 탐구한다. 그는 용서가 다른 사람에게 주는 선물일 뿐 아니라, 우리 자신에게 주는 선물도 될 수 있다는 것을 보여준다.

용서를 통해 긍정적인 무언가를 얻을 수 있다는 생각에는 잘못된 게 없습니다. 문제는 용서의 가치가 그것을 통해 이득을 볼 수 있을지에 달려 있다면, 지금까지 우리가 살펴본 용서의 근본적인 특성을 간과하는 것이지요.

물론 용서는 다른 목적이 없으면서도 결과적으로 유익한 결과를 낳을 순 있습니다. 덴마크의 라디오 진행자 아위세 두두 테페가 가정 폭력을 저질렀던 아버지를 용서한 이야기는 데리다가 말하는 용서의 개념과 연결됩니다. 그는 공항에 아버지를 마중하러 나갔을 때 자신에게 일어난 일을 이렇게 묘사합니다.

내가 그곳에서 카스트루프 공항에 혼자 서 있는 아버지를 봤을 때, 처음에는 진짜 뭣 같은 기분이었다. 늦은 시간이었다. 아버지는 내가 마중 나오리라는 걸 모르고 있었다. 아버지가 얼마나 외로운지 알 수 있었다. 그건 너무 실존적인 상황이었다. 뭐 어쨌든 결국 우리는 혼자니까 말이다.

나는 아버지가 늘 어른이고 강하며 제멋대로 주먹을 휘두르는 사람으로 여겼는데, 갑자기 아버지가 훨씬 더 복잡한 존재로 보였다. 나는 그때 그 자리에서 아버지를 용서했다. 그때부터 영원히. 그 용서는 아버지가 내게 저지른 일에 관한 게 아니다. 물론 아버지가 내게 한 일들 자체는 여전히 용납할 수 없다. 다만 그건 그냥 한 인간이 다른 인간에 대해 하는 용서였다.[6]

이 글에 묘사된 용서는 실존적인 의미에서 미리 계획되거나 계산되지 않고 자연스럽게 터져나온 것입니다. 아무런 목적 없이 그냥 일어난 거지요. 의식적인 선택의 결과가 아니었음에도 긍정적인 결과를 낳았습니다. 테페는 이렇게 말합니다. "사실 그건 내가 드디어 내 삶을 살아갈 수 있게 됐다는 뜻이다.", "내 삶에서 최고의 경험 가운데 하나였다. 아버지를 용서하고 싶던 적이 없었음에도 그를 용서한 것 말이다."

그의 이야기는 용서에 관한 이야기이지만, 관심의 윤리적 중요성을 강조한 머독의 생각과도 통하는 지점이 있습니다. 바로 용서가 한 인간으로서 다른 인간에게 관심을 기울일 때 가능하다는 점에서 말입니다.

조건을 따지지 않는 온전한 삶의 모습

데리다는 윤리적 선택을 할 때 모든 상호성과 대칭성을 거부하라고 말합니다. 이런 입장은 레비나스와 로이스트루프의 철학에서도 보이지요. 윤리적 요구에 대해 이들은 그 무조건적 본성을 강조합니다. 우리가 선한 행동을 하거나 누군가를 용서해야 하는 이유는 다른 사람에게 그와 똑같은 행위를 기대해서가 아닙니다. 무언가 선한 것을 돌려받으리라는 기대로 선한 일을 해서는 안 됩니다. 오직 그 자체로 의미가 있기에 선한 일을 해야 하는 거지요.

로이스트루프는 윤리적 요구의 일방성에 대해 이렇게 말합니다. "윤리적 요구의 일방성은 바로 개인의 삶역시 끊임없는 선물이라는 이해로부터 나온다. 따라서우리가 실천하는 일의 보답으로 다른 무언가를 요구할수 있는 상황은 있을 수 없다."[7] 윤리의 비대칭성을 이보다 더 분명하게 표현한 문장이 또 있을까요. 동시에 오늘날처럼 도구적 사고가 만연한 사회 흐름에 역행하는말이 또 있을까요.

로이스트루프의 말처럼 우리의 삶은 끊임없는 선물의 연속입니다. 하지만 용서를 비롯해 제가 책에서 제시하는 여러 삶의 관점을 당연히 받아야 할 선물이나 이익

으로만 생각해서는 안 됩니다. 그러면 그 가치를 주관적
인 욕구 충족으로 떨어뜨려서 고유의 가치를 파괴하게
될 테니까요.

9장

책임의 무게를 느낄 때
삶은 가벼워진다

카뮈의 자유

"자유는 특권이 아니라 책임으로
이루어진다"

– 알베르 카뮈

.

역사상 가장 치열한 토론 주제가 된 철학 개념은 무엇일까요? 아마도 자유를 첫손에 꼽을 수 있지 않을까요? 철학사에서 자유를 둘러싼 논쟁은 두 가지 지점에서 이루어집니다. 첫 번째는 자유의지를 둘러싼 논쟁입니다. 사람은 과연 자유의지를 갖고 자기 의지대로 행동할 수 있을까요? 아니면 그저 호르몬 같은 자연법칙의 지배를 받는 존재에 불과할까요? 우리가 식당에서 음식을 고르거나 팔을 들어 올리는 것처럼 단순한 일들이 자유의지에서 나온 행동이라는 것은 그저 착각일 뿐일까요? 지금까지 얼마나 많은 철학자와 과학자가 자유의지라는 개념이 우리가 만든 환상에 불과하다고 주장하는지 알게 되면 아마 굉장히 놀라실 겁니다.

과거에 이런 생각은 주로 세상 모든 것이 기계처럼 인과법칙에 따라 기능하며 인간 역시 거기서 예외적인 존재가 아니라는 물리학의 입장이나 어린 시절의 경험이 성인이 된 이후에도 개인의 모든 선택에 결정적인 영향을 미친다는 심리학 이론으로 나타났습니다. 오늘날에는 거기에 신경과학의 관점이 더해졌지요. 뇌의 신경작용이 인간 행동을 결정하기 때문에 자유의지가 없다는 겁니다.

이런 관점이 세상에 널리 퍼져 있다는 게 굉장히 놀랍습니다. 이러한 생각이 지적인 차원에서는 그럴듯해 보일지 몰라도, 결국 구체적인 삶의 차원에서는 별 의미가 없기 때문입니다. 우리 사회를 구성하는 도덕이나 법, 민주주의 같은 규칙이나 제도는 사람들이 자유의지를 지닌 책임 있는 행위자로서 살아간다는 가정에 토대를 두고 있습니다. 그래야 자기 행동을 책임질 수 있으니까요.

우리가 자유롭게 행동하지 못한다면 설령 누군가 범죄를 저지른다고 해도 그 사람을 처벌하는 일은 부당할 것입니다. 그 사람에게는 어쩔 수 없는 일이었을 테니까요. 반대로 누군가 선행을 한다고 해서 그것을 칭찬하는 일도 무의미하겠지요. 물론 이럴 때 처벌을 집행하는 행위조차 이미 결정되어 있다는 식으로 억지를 부릴 사람이 있을지 모르겠습니다. 하지만 결국 자유의지가 없다는 주장이 얼마나 터무니없는지 더 잘 보여줄 뿐이지요.

우리는 기본적으로 사람들이 자유롭게 행동할 수 있다고 생각하며 서로를 대합니다. 범죄를 저지를 당시 제정신이 아니어서 자유의지로 다른 행동을 할 수 없었던 거라면, 법적으로 처벌받지 않습니다. 자유롭게 행동할 수 있다는 실존적 믿음이 없어지면, 우리가 알고 있는 형태의 삶도 흔들립니다.

자유의 두 가지 측면

앞에서 저는 인간에게 자유의지가 없고 모든 행동이 이미 결정됐다면, 우리가 제대로 살아갈 수도 없다는 사실을 확인했는데요. 실제로 우리가 의미 있게 살아가기 위해서는 반드시 자유가 있다고 가정해야 합니다. 칸트가 지적한 대로 어쩌면 우리는 진짜 자유의지가 있는지 없는지 최종적인 해답은 얻지 못할 수도 있습니다. 그러나 적어도 우리는 스스로 자유롭다고 생각할 수 있습니다. 그것만으로 충분합니다. 그런 가정을 통해 우리는 목적의 왕국이라 불리는 곳의 구성원으로 살아가며 서로 관계할 수 있고, 의미 있는 삶도 만들어갈 수 있기 때문입니다.

자유와 관련한 또 다른 논쟁 지점은 개인의 자유 문제입니다. 형이상학적인 질문이 아니라 '자유로운 인간이 되는 것이 무슨 의미인가'와 같은 정치철학적인 질문을 주로 탐색하지요. 이 질문은 사회의 발전 과정하고도 밀접하게 연결되어 있습니다. 예를 들면, 자유·평등·우애라는 가치를 내세우며 싸웠던 프랑스혁명 같은 사건과 상관이 있는 거지요. 철학자 존 듀이는 사람들이 구체적인 자유를 위해 싸우는 경우는 많았지만, 형이상학적인 자유의지를 위해 싸우는 일은 없었다고 말합니다.[1] 역사적으로도 사람들은 표현의 자유와 종교·집회·결사의 자유 같은 구체적인 형태의 정치적 자유를 위해 싸워왔지요. 이번 장에서는 이 두 번째 지점에서 자유라는 관점을 살펴보겠습니다.

자유가 우리에게 근본적 가치를 지닌다는 데에는 거의 모든 사람이 동의하겠지만, 실제로 자유가 무엇으로 구성되는지에 대해서는 일치된 의견이 없습니다. 싸울 만한 가치가 있는 자유란 어떤 종류의 자유일까요? 다른 것을 위한 수단으로 전락하지 않는 자유란 어떤 종류의 자유일까요? 이런 질문에 대한 대답은 우리가 인간의 본성을 어떻게 보느냐에 영향을 받을 수밖에 없습니다.

지키기 위해 싸울 가치가 있는 것

자유에 대해 이야기할 때 반드시 다뤄야 할 흥미로운 인물이 있습니다. 바로 알베르 카뮈입니다. 저는 교통사고로 인한 그의 비극적인 죽음에서 이 이야기를 시작하려 합니다. 지금으로부터 약 60년 전인 1960년, 그는 가족과 함께 기차를 타는 대신 자신의 책을 낸 출판사 사장이 모는 굉장히 아름다운 스포츠카를 타고 드라이브를 하기로 결정했습니다. 미처 쓰지 않은 기차표가 나중에 그의 재킷 주머니에서 발견되었지요. 카뮈의 죽음은 자신이 다뤘던 철학적 주제를 상징하는 것처럼 보이기도 합니다. 바로 삶의 부조리 말입니다.

카뮈는 이 세상에 아무것도 의미가 없다고 생각했습니다. 사람들은 끊임없이 의미를 창조하려고 애쓰지만, 결국에는 그런 노력도 실패할 운명이라는 거예요. 이러한 삶의 비극과 부조리를 다룬 카뮈의 철학은 그가 남긴 에세이와 소설 작품에 잘 표현되어 있습니다. 카뮈는 1957년에 노벨문학상을 받았는데, 역대 수상자 중에서는 러디어드 키플링 다음으로 젊은 수상자였지요.

카뮈의 철학은 『시시포스의 신화』라는 작품을 보면 더 잘 이해할 수 있습니다. 그는 이 에세이에서 고대 그리스의 시시포스 신화를 재해석했습니다. 신화 속에서 시시포스는 신에게 죄를 짓고 매일 산비탈로 무거운 돌을 굴려 올리는 형벌을 받습니다. 하지만 애써 돌을 굴려 올려도, 다음날이면 다시 산비탈 아래로 돌이 굴러떨어져 처음부터 다시 일을 시작해야 합니다. 그는 그저 굴리고 또 굴립니다. 베케트의 부조리극에서 고도를 기다리는 것처럼 아무 목적 없는 일을 하는 거지요.

카뮈는 시시포스의 끝없고 의미 없는 노동을 삶의 은유로 봅니다. 우리 역시 시시포스의 모습과 같다는 것이지요. 그러나 그는 다른 한편으로 시시포스가 자기 운명을 존엄하게 받아들이기 때문에 괴로운 것이 아니라 오히려 행복하다고 해석합니다.

카뮈에게 삶이 살 가치가 있느냐 없느냐 하는 문제는 굉장히 근본적인 질문입니다. 『시시포스의 신화』에서 그는 우리가 살펴보아야 할 유일하게 진지한 철학적 문제는 단 하나라고 말합니다. 바로 자살입니다. 자살을 염두에 두고, 삶이 정말 살 만한 가치가 있는지 결정하는 것이 바로 그의 철학의 핵심인 거지요.

카뮈는 가끔 실존주의의 대부인 사르트르와 함께 묶이지만, 사실 두 사람 사이에는 중대한 차이가 있습니다. 사르트르는 인간 본성이라는 개념을 거부하면서, 실존이 본질에 앞선다고 생각했습니다. 달리 말해 우리는 어떠한 주어진 본질에도 매여 있지 않으며, 오직 개인적인 선택과 행동을 통해 스스로의 운명을 자유롭게 창조할 수 있다는 것이지요. 사르트르의 선택은 굉장히 근본적인 것입니다. 단지 A와 B 사이에 하나를 고르고 마는 문제가 아니라, A와 B 중 하나를 선택하는 일이 과연 어떤 의미가 있는지 스스로에게 물어가며 행동으로 옮기는 것이니까요.

그러나 사르트르의 실존주의와는 대조적으로 카뮈는 가치가 "사람이 타고난 인간됨에서 나온다"라고 생각했습니다. 그리고 "이런 가치들이 반드시 구현되지는 않을지라도 인간 본성에는 어떤 영원하고 보편적인 가치가 있다"라고 생각했지요.[2] 카뮈는 가치가 개인이 자유롭게 창조할 수 있는 것이 아니라 인간이 마주한 근본적인 문제와 관련이 있다고 여겼습니다. 이러한 지점에서 카뮈의 인간관은 사르트르와 실존주의를 떠올리게 하는 것 못지않게, 고대 그리스 철학자가 말했던 인간의 본성 개념을 떠올리게 합니다. 우리는 이 주제를 1장에서 다루었지요.

이 두 선구적인 프랑스 철학자에 대한 사적인 이야기도 굉장히 흥미진진하고 드라마틱합니다. 십수 년 넘게 이어지던 그들의 우정은 결국 극심한 불화로 끝났습니다. 소련을 비롯한 모든 형태의 전체주의에 비판적이던 카뮈의 입장과 공산주의를 지지하는 사르트르의 입장이 서로 충돌했기 때문입니다.

사르트르가 철저한 실존주의자라면 카뮈는 아마 실존에 관심 있는 철학자 정도로 부르는 게 적절할 것입니다. 스스로도 실존주의자로 분류되는 걸 싫어했지만, 자유를 다룬 그의 철학 저술과 문학 작품을 보면 그가 실존주의와 적어도 하나의 주제는 공유했다는 것을 알 수 있습니다. 이를 알아보기 위해 이번 장의 소제목인 문장을 다시 한 번 살펴보겠습니다.

"자유는 특권이 아니라 책임으로 이루어진다."[3]

이 문장은 자유를 다룬 에세이 「빵과 자유Bread and Freedom」에서 나옵니다. 『저항, 반란, 그리고 죽음Resistance, Rebellion, and Death』이라는 다소 엄숙한 제목의 에세이집에 실린 단편이지요. 이 책에는 카뮈의 정치적인 입장과 활동가로서의 면모가 잘 드러나 있습니다. 지금과는 분위기가 사뭇 다른 시절에 쓰인 글이지만 인간의 자유를 옹호하는 「빵과 자유」를 비롯한 몇몇 글은 오늘날에도 여전히 의미 있는 통찰을 줍니다.

「빵과 자유」는 시작부터 왜곡된 자유 개념을 날카롭게 비판합니다. 카뮈는 왜곡된 자유 개념이 두 가지가 있다고 말하는데요. 하나는 냉전기 서유럽의 분위기와 연결된 서구 버전의 자유입니다. 그는 이런 자유의 개념을 설명하기 위해 이런 비유를 듭니다. 한 과부가 있습니다. 그는 일가족이 함께 사는 집 다락방에 얹혀 사는데요. 부엌에는 언제든 갈 수 있지만, 다른 곳에서는 절대 모습을 보이거나 소리를 내면 안 됩니다. 움직일 자유는 있지만, 굉장히 제한적이지요. 자기 삶을 자유롭게 꾸리거나 공동체의 일원으로서 살아갈 수도 없고요. 분명히 한 집에 머물고 있지만, 실제로 온전히 자유로운 삶은 살지 못합니다.

두 번째는 동구 버전의 자유입니다. 동유럽 공산주의를 비유한 것이지요. 여기에서도 과부는 다락방에 갇혀 있습니다. 다만 이번에는 50년 동안 밖에 나오지 못한다는 말을 듣지요. 그 뒤에는 이상적인 사회가 건설되는데, 그때 오랜 인내를 정당하게 보상받게 되리라는 말을 듣지요.

카뮈는 거의 모든 정권의 통치 형태가 이런 식이라고 말합니다. 정당성을 얻기 위해 자유를 들먹이는 것이지요. 하지만 말로만 자유를 보장할 뿐, 실제로는 자유를 억압합니다. 안보나 경제 성장의 중요성을 강조하면서 말입니다. 이것이 바로 빵과 자유 사이의 갈등입니다. 우리는 빵의 이름으로 자유가 희생되는 걸 용인해야 할까요? 카뮈에 따르면 절대로 그래서는 안 됩니다. 자유는 어떤 경우에도 희생될 수 없는 우리 삶의 본질이니까요.

의무를 다하는 사람만이 자유롭다

에세이의 끝부분에서 카뮈는 더 적극적인 자유의 개념을 정의합니다. 그를 그저 실존주의자로만 알고 있는 사람들은 깜짝 놀랄 만한 내용이지요. 앞에서 말한 그 문장이 바로 여기에 나옵니다. "자유는 특권이 아니라 책임으로 이루어진다." 철저한 실존주의자라면 아마 자유는 선택과 행위에, 즉 우리가 원하는 것을 하는 데 있다고 말할 것입니다. 이런 자유는 개인이 행동할 권리를 보장하는 사회의 보호를 받는다고 생각하겠지요.

그러나 카뮈는 권리를 들먹이지 않고, 오히려 자유를 구성하는 것이 책임이라고 주장합니다. '리베르테 오블리주Liberté oblige', 바로 자유에 따르는 책임을 말하는 거지요. 하지만 어떻게 자유가 책임으로 구성될 수 있을까요? 덴마크의 성직자이자 민담 수집가인 페데르 쉬브는 속담 하나를 우리에게 알려줍니다. "자신이 원하는 대로가 아니라, 해야 하는 대로 하는 사람이 자유롭다." 달리 말해 자유는 우리가 원하는 것을 마음대로 할 때가 아니라, 우리가 마땅히 해야 할 일을 함으로써 얻을 수 있다는 것이지요.

카뮈와 페데르 쉬브가 표현한 자유의 개념은 우리에게는 조금 낯섭니다. 흔히 자유라고 하면 원하는 것을 마음대로 하는 것을 자연스럽게 떠올릴 테니까요. 그러나 그런 자유는 문제가 있습니다. 우리가 늘 마음 내키는 일만 한다면 오히려 동물처럼 욕망의 노예로 살게 되는 것이기 때문이죠. 키르케고르의 자기 개념을 다룬 장에서 우리는 인간을 인간답게 만드는 요소가 어떤 것인지 살펴보았습니다. 그건 바로 즉각적인 충동과 욕망을 넘어 그것들을 도덕의 관점에서 평가할 수 있는 능력이었지요.

여기서부터 관계로서의 자기가 나타납니다. 자유는 욕망대로 사는 것이 아닙니다. 오히려 추구할 가치가 없는 욕망이라면 스스로 억압할 수도 있어야 합니다. 이런 의미에서 자유는 의무와도 연결됩니다. 이때 의무는 우리가 여기저기서 보게 되는 광고 카피나 자기계발서, 라이프 코치들이 충고하는 것처럼 '지금 이 순간을 그냥 살라', '대체 뭘 기다려? 그냥 저질러!'라는 식의 의무가 아닙니다. 우리 자신의 욕망을 성찰하고 평가하고 올바르게 행동할 의무를 말하지요.

우리가 늘 충동을 좇아 살아간다면 삶이 망가질 겁니다. 물론 그와 정반대로 아무런 충동도 없고, 행동도 안 하면서, 생각만 계속해서도 곤란하지요. 키르케고르 역시 끊임없는 성찰이 '성찰병'을 낳는다고 강하게 비판했습니다. 우리가 해야 하는 성찰은 이런 겁니다. 충동에 휘둘리거나 단지 순간에만 집중해서 살게 될 때, 우리를 잠깐 멈춰 세우고 생각하는 성찰 말이지요. 이것이 바로 의무에 대한 성찰입니다. 이러한 성찰은 또한 우리가 성찰병에 걸리지 않도록 막아줍니다.

우리는 그저 하고 싶다는 이유만으로 마음대로 행동해서는 안 됩니다. 끝없는 자아 성찰에만 빠져 살아서도 안 되지요. 둘 다 자유롭지 못한 상태니까요. 우리가 자유롭기 위해서는 이 두 가지 형태의 왜곡된 자유를 넘어서야 합니다.

소극적 자유와 적극적 자유

카뮈는 자유를 책임과 연결함으로써 적극적 자유를 사고하는 오랜 전통과 손을 잡았습니다. 여기서 적극적 자유란 자유에 내용이 주어진다는 말입니다. 그러니까 무언가를 향한 자유지요. 이와 반대로 소극적 자유란 무언가로부터의 자유입니다. 철학자이자 역사가인 이사야 벌린은 『자유의 두 개념Two Concepts of Liberty』에서 자유를 철학적인 관점에서 다룬 바 있는데, 여기서도 앞서 살펴본 두 가지 형태의 자유 개념을 자세히 설명합니다.[4] 물론 벌린은 자유의 개념을 규정하는 단 하나의 정답을 내세우지는 않습니다. 다만 서로 다른 개념을 뚜렷하게 밝힘으로써 사람들이 자유에 대해 합리적으로 토론할 수 있도록 한 거지요.

벌린에 따르면 소극적 자유는 우리가 원하는 것을 방해받지 않고 하는 것입니다. 누군가 어떤 목표를 이루려 할 때마다 누군가 이를 막는다면, 그에게는 소극적 의미에서의 자유가 없는 셈이지요. 그런데 벌린은 이런 소극적 자유를 보장하는 일이 민주주의와 반드시 연결되지는 않는다고 지적합니다. 이론적으로는 어느 친절한 독재자가 나타나 국민이 자기 욕망과 목표를 상당히 실현할 수 있도록 보장할 수도 있지요. 이것이 바로 소극적 자유의 한계입니다. 우리가 원하는 것을 할 수 있도록 보장하지만, 정작 우리가 원하는 것 자체를 누가 결정하는지에 대해서는 고려하지 않는 거지요. 우리가 품게 되는 욕망은 철저하게 상업화된 시장과 대기업 자본에 의해 조장된 것일 수도 있고, 또 디스토피아 과학소설에 등장하는 것처럼 놀라운 기술력에 의해 강제로 주입된 것일 수도 있으니까요.

이와 달리 적극적 자유는 무언가를 향한 자유와 관련이 있습니다. 누가 우리를 통제하는지, 또 우리는 무엇을 자유롭게 할 수 있는지 깊이 성찰하는 거지요. 벌린은 이런 자유를 '자기통제'라고 부릅니다. 우리는 자기 자신의 주인이 될 때 비로소 자유롭다고 말할 수 있습니다. 그러기 위해서는 무엇보다 자기를 반성하고 자신의 소망과 욕망(쉬브와 키르케고르의 자기 개념), 그리고 자유와 밀접하게 연결된 책임(카뮈)까지 스스로 생각하고 평가할 수 있어야 합니다. 그렇다면 어떻게 이런 자기통제를 이룰 수 있을까요?

제가 드릴 수 있는 대답은 누구도 혼자서는 할 수 없다는 것입니다. 우리는 상호 의존적인 존재입니다. 사회와 공동체 안에서만 자기를 반성할 수 있고 자율성도 가질 수 있지요. 우리는 4장에서 이런 맥락에서의 자기 개념을 살펴보았습니다. 적극적 의미에서의 자유는 우리가 어떤 공동체의 일부로서 존재할 때 가능합니다. 스스로 생각하고 반성하고 욕망을 통제하는 능력을 갖추지 못한 아이는 결코 자유로울 수 없습니다. 가장 중요한 자기 자신의 욕망을 통제하지 못하기 때문입니다.

따라서 우리에게는 책임이 있습니다. 바로 인간이

라면 누구나 적극적 자유를 추구할 수 있게끔 길러줄 건강한 공동체를 가꾸고 돌볼 책임이지요. 이 문제는 자유와 책임이 서로 깊게 연결되어 있다는 출발점으로 우리를 되돌려 놓습니다. 우리에게 자유가 없다면 의무를 실행할 책임도 없겠지요. 칸트의 말처럼 '해야 한다' 속에는 '할 수 있다'가 내포되어 있으니까요.

우리는 어디에서 왔고 무엇의 일부인가

오늘날 자유는 어떻게 취급되고 있을까요? 겉으로 보기에 우리는 소극적 자유는 잘 지키고 있습니다. 다른 사람에게 해를 입히지 않는 선에서 원하는 것을 할 수 있도록 개인의 권리를 존중하고 있고, 그런 권리를 막는 장벽도 없애고 있으니까요. 전적으로 옳은 일이지만, 사실 그게 자유의 전부는 아닙니다. 우리는 적극적 자유의 중요성도 깨달을 필요가 있지요. 따라서 사람들이 올바른 자기 통제력을 키워나갈 수 있도록 하는 공동체를 보호해야 합니다.

이것이 곧 윤리적인 형태의 양육과 교육입니다. 앞서 살펴본 카뮈와 쉬브, 벌린의 생각과도 연결되지요. 이들의 주장에 따르면 사람들이 진정으로 자유롭기 위해서는 자기 자신 바깥의 무언가와 관계하면서 자아를 '형성'해야 합니다. 진정한 자유는 자아와 내적 욕망 사이를 끊임없이 맴도는 데 있지 않고, 우리가 어디에서 왔으며 무엇의 일부인지를 깊게 생각하는 데 있습니다. 서문에서 소개한 개념을 통해 설명하면, 자유는 '자기-내면통찰'만이 아니라 '자기-외면통찰'이기도 합니다. 벌린은 이렇게 말합니다. "나의 많은 부분은 내가 느끼고 생각하는 것으로 결정된다. 그리고 내가 느끼고 생각하는 것은 내가 속한 사회에 널리 퍼져 있는 감정이나 생각에 따라 결정된다."[5] 개인이 자유롭기 위해서는, 나를 나답게 만들어주는 전통과 역사, 공동체를 반드시 필요로 한다는 것이지요.

이런 형태의 적극적 자유는 요즘 시련을 겪고 있습니다. 우리는 구조적 · 관계적 맥락을 알고 이해하기보다는 그저 자기 자신을 잘 아는 것만 중요하게 여기고 있지요. 자아실현을 추구하느라 자아 형성은 게을리하는 경우가 많습니다. 자아실현이 억압으로부터 벗어나 우리에게 자유를 준다고 착각하기 때문이지요. 하지만 이런 믿음은 중요한 사실을 간과하고 있습니다. 바로 자유란 애초부터 우리가 자유로운 개인이 될 수 있도록 만들어준 공동체 안에서, 지혜롭고 헌신적인 방식으로 행동할 자유이기도 하다는 점을 말입니다.

최근에는 자유를 노골적으로 도구화하는 모습도 가끔 보입니다. 자유를 그 자체로 목적이 아니라 다른 무언가, 예컨대 행복이나 건강, 생산성 등을 위한 도구로 여기는 것입니다. 회사나 조직은 자유를 생산성 차원에서 접근하기도 합니다. 자유가 인간의 기본적인 존엄성으로서 가치를 지닌다고 생각하는 게 아니라, 그저 직원에게 자유를 더 주고 책임을 위임하면 생산성이 증가하리라 가정하는 것이지요. 이런 태도가 문제가 되는 이유는 자유를 다른 가치를 지탱하는 정도까지만 인정한다는 점입니다. 만약 자유가 생산성을 크게 높이지 못하게 된다면 어떨까요? 아마도 자유는 더 이상 설 자리가 없어질 것입니다.

카뮈는 자유의 내적 가치를 분명하게 옹호했습니다. 그는 행복과 복지가 보장된다면 자유는 없어도 된다는 생각을 거부했습니다. 카뮈는 이렇게 말합니다. "사회가 갑자기 바뀌어서 모두에게 만족스럽고 편안한 곳이 된다 할지라도, 자유가 패배한다면 결국 야만이 될 것이다."[6] 물질적인 풍요를 위해 자유가 희생되어서는 안 된다고 말하는 것이지요.

자유는 단순하지 않습니다. 고대 스토아학파 철학자들에게 자유는 헛된 욕망을 제거함으로써 얻을 수 있는 것이었습니다. 칸트에게 자유는 도덕법칙에 따라 행동하기 위해 욕망을 스스로 통제하는 능력과 관련이 있었습니다. 오늘날 많은 사람은 자유를 단지 우리가 가진 욕망을 실현하는 것으로 취급합니다. 물론 자유에는 이러한 소극적인 측면도 있습니다. 교도소나 독재 사회에 살고 있다면 절대 자유로울 수 없으니까요.

하지만 저는 카뮈의 의견을 좇아 자유가 책임과도

밀접하게 관련된다고 생각합니다. 벌린의 용어를 쓰면 자유에는 적극적인 측면이 있는 거지요. 이것은 우리가 해야만 하는 것을 할 수 있는 능력을 말합니다. 우리에게는 자유를 어떻게 정의하든 결코 잊어서는 안 될 중요한 원칙이 하나 있습니다. 자유를 도구화시켜서는 안 된다는 것입니다. 자유는 그냥 좋은 것입니다. 그게 개인의 행복을 증진하거나 국가 경제에 득이 되지 않더라도 말이지요.

10장

끝이 있기에
모든 순간이 소중하다

몽테뉴의 죽음

"죽는 법을 배운 사람은
노예가 되는 법을 잊는다"

– 미셸 드 몽테뉴

사람은 누구나 죽습니다. 다른 모든 생물처럼 말이지요. 하지만 다른 생물은 우리처럼 죽음을 인식할 수 없습니다. 이런 인식은 일종의 짐이지요. 누구나 결국에는 세상에서 소멸한다는 사실 때문에 온통 두려움에 사로잡히는 사람도 있으니까요. 하지만 삶의 유한성에 대한 이런 인식은 우리 삶을 풍요롭게 만드는 계기가 되기도 합니다. 자기 자신의 삶과 반성적인 관계를 맺고, 무엇이 정말 의미 있는지 생각할 수 있기 때문입니다. 우리가 언젠가 죽는 존재, 그리고 언젠가 죽는다는 걸 아는 존재가 아니었다면, 우리가 살아가면서 바라는 모든 일을 성취할 수 없다는 점도 이해하지 못했을 겁니다. 우리는 스스로 모든 것을 성취할 수 없는 존재라는 걸 알기 때문에 제한된 시간 동안 어떻게 시간을 써야 좀 더 가치가 있고 의미가 있는지 고민할 수 있습니다. 죽음이 없다면 삶도 의미가 없는 거지요.

저는 어린 시절 죽음에 매혹된 적이 있습니다. 우리가 모두 죽어서 사라진다면 결국 인생에서 중요한 건 아무것도 없다고 생각했던 것 같습니다. 궁극적으로 삶이 유한하다면 의미도 없다는 생각은 앞서 언급한 우디 앨런의 생각과 비슷합니다. 어른이 되어서도 여전히 그런 생각을 하게 되기도 하지만, 이제는 그 생각을 반대로 뒤집어서 말하려고 합니다. 바로 우리가 죽는다는 사실 때문에 삶의 모든 것이 의미가 있다고 말입니다.

우리가 유한한 시간을 산다는 사실 때문에, 우리의 경험과 행동은 비로소 의미와 가치를 지니게 됩니다. 철학자 한스 요나스는 무심한 우주에서 가치가 생겨날 수 있는 좁은 문을 제공하는 것이 바로 덕이라고 말합니다.[1] 만약 사람이 영원불멸의 존재라면 용기나 인내, 자기희생 같은 덕은 굳이 중요하게 생각할 필요도 없을 겁니다. 존엄성이나 사랑, 용서 같은 것도 크게 의미가 없겠지요. 삶의 유한성을 마주하게 될 때, 우리는 비로소 가치 있는 것을 찾을 수 있고 궁극적으로 삶 그 자체에도 매달리게 됩니다. 언제든 빼앗길 수 있는 것이기에, 역설적으로 굳게 지켜야 할 의미가 있는 거지요.

요나스는 오로지 유한한 존재만 가치를 생각할 수 있다고 말합니다. 요컨대 '필멸성mortality'이 '도덕성morality'의 전제 조건이 되는 거지요.[2] 머독 역시 비슷한 말을 했습니다. "인간이 모두 죽는다는 걸 깨달을 때, 비로소 우리는 덕이야말로 유일하게 가치 있는 것이라고 여기게 된다."[3] 이처럼 죽음은 그 자체로 덕은 아니지만, 다른 덕을 위한 의미 있는 관점을 탄생시키는 토대가 됩니다.

철학은 죽음에 대한 대답이다

지금까지 우리는 철학을 이해하는 몇 가지 관점을 살펴봤습니다. '호기심'(플라톤)부터 '실망'(크리츨리)과 '어른을 위한 교육'(카벨)에 이르기까지 말이지요. 이제 여기에 또 다른 관점을 하나 더 추가하려 합니다. 바로 소크라테스부터 마르쿠스 키케로 같은 철학자와 이번 장의 주인공인 르네상스 시대의 인문주의자 미셸 드 몽테뉴가 되풀이하는 관점입니다. 간단하게 말해서 철학은 우리에게 잘 죽는 법을 가르치기 위해 존재한다는 생각이지요.[4]

"철학은 본질적으로 죽음을 위한 준비다." 플라톤의 대화편 『파이돈』에서 소크라테스는 죽음을 앞두고 이렇게 말합니다. "철학에 정통한 사람들의 공부라는 게 죽음에 대한 탐구일 뿐이라는 사실이 다른 사람들 눈에는 안 보이는 것 같네."[5] 또한 그는 이렇게 덧붙입니다. "올바르게 철학하는 사람들은 죽어가는 일을 위해 수련 중이고, 따라서 죽음을 누구보다 덜 두려워한다네."[6] 소크라테스는 무슨 말을 하는 걸까요?

그의 말은 제가 서문에서 소개한 삶의 방식으로서의 철학 개념을 되돌아보게 합니다. 철학은 우리 삶의 의미가 무엇인지, 그리고 어떻게 살아야 인간 본성 또는 덕에 따라 사는 것인지를 탐구합니다. 그러나 이 모든 것은 삶의 지평이나 경계, 곧 죽음을 고려할 때에만 중요해집니다. 철학자 토드 메이가 『죽음이란 무엇인가』에서 이렇게 말한 것처럼 말이지요. "필멸성이 우리 삶을 형성한다. 삶에 일관성과 의미를 부여하며, 모든 순간을 소중하게 만든다. 동시에 우리가 죽어간다는 사실은 그 모든 것을 위협하기도 한다. 죽는 것은 괜찮다. 하지만 아직은 절대 아니다."[7] 이게 바로 죽음의 역설입니다. 죽음이 없다면 아무것도 의미나 가치를 가질 수 없지만, 동시에 죽음 자체는 바로 그 의미와 가치를 끊임없이 위협합니다. 소중한 존재를 잃어본 사람은 이 말에 동의할 것입니다.

철학을 한다는 것은 바로 이러한 역설과 관계를 맺는 일입니다. 소크라테스는 철학이 죽음을 위한 수련이며, 철학의 중요한 목표 가운데 하나는 우리가 죽음을 덜 두려워하게 만드는 것이라 말합니다. 세네카와 에픽테토스, 아우렐리우스를 비롯한 스토아학파 철학자들은 '메멘토 모리memento mori', 즉 '네가 죽어야 한다는 사실을 기억하라!'라는 말을 매일 상기하면서, 최대한 죽음에 대한 공포를 없애는 일에 매달렸습니다. 삶에서 가장 궁극적이고 비극적인 부분을 계속 성찰하다 보면 어느덧 그 생각에 익숙해지고 평온해지게 됩니다. 이와 반대로 죽음에 등을 돌린 채 마치 그 일이 일어나지 않을 것처럼 여긴다면 결코 그런 경지에 닿을 수 없지요.

죽음에 대한 인식은 키르케고르와 하이데거의 실존주의 철학에서도 매우 중요한 주제였습니다. 이들은 인간이 오직 죽음과 관계할 때에만 진정으로 살 수 있다고 믿었습니다. 하이데거는 이를 '죽음을 향한 존재'라 불렀지요. 저는 이 개념을 『불안 해방』에서도 다룬 바 있습니다. 자, 그럼 이제 인문주의자 몽테뉴가 어떻게 죽음에 접근했는지 살펴보도록 하겠습니다.

불안과 공포에서 벗어나기

16세기 프랑스 보르도의 귀족 몽테뉴는 보기 드물게도 전인적이면서 인문적인 교육의 혜택을 누렸습니다. 1571년 38세 생일에 공직에서 물러난 그는 몽테뉴 성의 탑에 10년간 자신을 고립시킵니다. 탑에는 무려 1500권이 넘는 장서를 갖춘 서고가 있었지요. 당시로서는 놀라운 수준의 장서량이었는데요. 오늘날에도 이 탑은 여전히 그 자리에 남아 대중에게 개방되고 있습니다. 아무튼 그는 이곳에서 책과 지식의 세계에 푹 빠져 지냈고, 마침내 1580년에는 오늘날까지도 유명한 작품 『수상록』을 썼습니다.

책 제목인 'Essais'는 시도 또는 초고를 뜻하는 단어로, 바로 오늘날 에세이 장르의 기원이 되기도 했지요. 개인적인 일화를 통해 문학적이고 성찰적인 내용을 담은 실험적인 글쓰기 방식이었습니다. 저자가 생각을 전개하는 과정을 쉽게 따라갈 수 있고, 굳이 처음부터 끝까지 읽을 필요도 없습니다. 몽테뉴가 탑에 은둔하지 않았더라면, 오늘날 에세이 작가들은 지금 같은 글을 쓰지 않았을지도 모릅니다.

『수상록』에서 몽테뉴는 자기 생각을 그야말로 자유롭게 펼치면서, 유목민이 이동하듯 이 주제에서 저 주제로 전환해가며 글을 씁니다. 예컨대 에세이 한 편은 식인종의 특징에 대해 쓰고, 다른 한 편은 자신이 느끼는 외로움에 대해 쓰는 식입니다. 이런 의미에서 그는 칼 오베 크나우스고르 같은 '오토픽션autofiction'(저자의 개인 경험을 주로 끌어다 쓰는 일종의 자서전 같은 소설로 플롯 같은 소설적 요소가 잘 드러나지 않는 경향이 있다—옮긴이) 작가들의 선배이기도 합니다. 몽테뉴는 『수상록』을 출판한 뒤 공직으로 돌아갔고 보르도 시장으로도 일했습니다. 1592년 세상을 떠나기 전까지 유럽 곳곳을 돌아다니기도 했지요.

그런데 『수상록』의 19번째 에세이 제목은 우리에게 소크라테스를 떠올리게 합니다. "철학을 공부하는 일은 죽기를 배우는 일이다." 이번 장 소제목이기도 하지요. 같은 글에서 조금 더 인용해보겠습니다.

죽음이 우리를 어디에서 기다리는지는 확실하지 않다. 모든 곳에서 죽음을 찾자. 죽음을 미리 생각하는 것은 자유를 미리 생각하는 것과 같다. 죽는 법을 배운 사람은 노예가 되는 법을 잊는다. 삶을 잃어버리는 일이 나쁘지만은 않다는 사실을 제대로 이해한 사람은 삶에서 나쁠 것이 아무것도 없다. 죽는 법을 아는 것이 우리를 모든 굴종과 속박으로부터 구원한다.

몹시 흥미롭고 도발적인 생각입니다. 우리는 대개 죽음을 한계로 생각합니다. 우리가 삶을 자유롭게 살 수 있는 능력과 기회를 제한한다는 것이지요. 그러나 몽테뉴는 반대로 생각합니다. 우리가 죽음을 올바로 이해할 때에만 비로소 자유로울 수 있다는 거지요. 그의 표현을 빌리면 "죽는 법을 배운 사람은 노예가 되는 법을 잊는다"라는 것입니다. 죽음을 이해하는 법을 배우지 않고 그 의미도 인식하지 못하면, 우리는 삶이 짧고 유한하다는 것을 이해하지 못한 채 중요하지 않은 일로 시간을 낭비할지 모릅니다. 아무렇게나 스쳐 지나가는 욕망과 충동의 노예가 되며, 삶을 보편적인 관점에서 생각하지 못하게 됩니다.

위에서 인용한 단락 바로 뒷부분에서 몽테뉴는 죽음의 상징, 이를테면 인간의 해골 따위를 호화로운 연회장 한편에 전시하고는 했던 고대 이집트의 특이한 관행에 대해 묘사합니다. 몽테뉴에 따르면 고대 이집트에서는 연회를 시작하기 전에 하인을 시켜 이렇게 선언하게 했다고 합니다. "지금 마음껏 마시고 즐기시오. 그대가 죽으면 저런 모습일 테니."

죽음을 포용하는 이집트인에게 영감을 얻은 몽테뉴는 다음과 같은 인생의 격언을 말합니다. "그러므로 상상만이 아니라 입으로도 죽음을 줄곧 되뇌는 것, 그것이 내 습관이다." 사이먼 크리츨리는 이 이상한 문장에서 이런 결론을 끌어냅니다.

(몽테뉴에게) 철학하는 것은 우리가 말하고 음식을 먹고 음료를 마시는 것처럼, 입으로 죽음을 배우는 일이다. 그렇게 우리는 소멸의 공포와 대면할 수 있다. 우리

를 노예로 만들고, 덧없는 망각이나 불멸의 열망으로 이끄는 것이 바로 죽음의 공포이기 때문이다.[8]

죽음과 정면으로 맞서고 죽음을 공개적으로 이야기할 때에만, 몽테뉴의 표현처럼 죽음을 입 밖으로 꺼내고 낱말과 문장의 형태로 표현할 때에만, 우리는 불안으로 얼어붙지 않고 자유롭게 사는 법을 배울 수 있습니다. 아마 죽음의 공포를 완전히 벗어버리지는 못하겠지만, 그와 더불어 더 잘 사는 법을 배울 수 있는 것이지요.

몽테뉴에게는 이것이 자유의 전제 조건이었습니다. 몽테뉴는 자신이 죽음에 매혹되었다고 말하며 사람들이 죽는 다양한 방식을 목록으로 만들고 싶다고 말하며 글을 끝맺습니다.[9] 그러나 그의 목표는 죽음을 찬양하는 것이 아니라 삶을 누리는 것이었습니다. 그는 이렇게 말합니다. "죽는 법을 가르치는 사람은 동시에 사는 법도 가르칠 것이다."

삶의 주인이 되는 법

2세기 그리스의 풍자 작가 루키아노스는 대화편 「카론」에서 인간의 존재를 애처롭게 묘사합니다. 이 이야기의 주인공 카론은 죽은 자를 저승인 하데스로 실어 나르는 뱃사공입니다. 루키아노스의 이야기에서 그는 열심히 일한 대가로 하루 동안 휴가를 받아 산 자들의 세상을 방문하도록 허락받습니다. 신들의 전령이자 죽은 자의 영혼을 하데스로 안내하는 헤르메스의 도움으로, 카론은 높은 곳에서 사람들을 한눈에 관찰하기 위해 여러 개의 산을 차곡차곡 쌓아 올립니다. 카론은 사람들을 관찰하다가 그들에게 공통점이 있다는 사실을 발견합니다. 부유한 자든 가난한 자든 삶이 고통으로 가득하다는 것이지요.

카론은 이렇게 말합니다. "그들이 모두 언젠가 죽는다는 사실을, 지상에서 잠시 머물다가 삶이라는 꿈에서 깨어나면 다시 모든 것을 두고 떠나야 한다는 사실을 분명히 이해한다면 사람들은 더 현명하게 살면서 죽음을 그다지 걱정하지 않을 텐데."[10]

소크라테스와 루키아노스, 스토아학파 철학자, 몽테뉴를 관통하는 하나의 생각은 지금 여기서 살아가는 삶이 중요하다는 사실을 깨닫기 위해서는 죽음에 대한 관심이 필요하다는 것입니다. 즉, '메멘토 모리'가 매우 중요합니다. 대문호 괴테가 소설 『빌헬름 마이스터의 수업 시대』에서 말한 것처럼 '메멘토 비베레memento vivere'(당신이 살아야 한다는 것을 기억하라!)하게 만들기 때문입니다. 이런 생각은 오늘날 무수한 자기계발서와 '카르페 디엠' 같은 문신 문구의 유행 속에 여전히 남아 있습니다. 덴마크의 유명한 라이프 코치인 소피아 매닝은 『대체 뭘 기다리는 거야?Hvad venter du egentlig på?』라는 책의 첫 부분에서 '메멘토 모리'에 대해 이렇게 말합니다.

지금 당신에게 엄청나게 중요해 보이는 모든 것이 사라질 것이다. 지금까지 성취했고 성취하고 싶은 모든 것, 살아가며 맺어온 모든 관계, 일상적인 온갖 사건과 걸림돌과 걱정도 당신과 함께 사라질 것이다. 그러니 이

짧은 삶을 왜 스스로를 파괴하는 일에 보내는가? 우리 존재는 밤에 날아다니는 반딧불이와 같다.

삶은 잠시 훅 타오르고 나면 사라진다. 이것이야말로 우리가 사는 이 세상에서 그 무엇보다도 큰 영감을 주는 생각이다. 당신은 바로 이곳에 매우 짧고 집약적으로 머문다. 그런데 왜 당신에게 주어진 삶을 최대한 이용하지 않는가?

매닝은 형제를 잃은 경험을 이야기하며, 그 상실로 인해 살아 있는 시간을 더 귀하게 여기게 됐다고 말합니다. 그는 '메멘토 모리'라는 오래된 생각을 인용하지만 사실 그가 내린 결론은 고대 철학자들의 태도와는 정반대입니다. 매닝은 삶이 언제든 끝날 수 있기 때문에 우리가 지금 행동해야 한다고 믿습니다. 그에게 코칭은 개인이 자기 꿈을 완전하게 실행할 수 있도록 돕는 도구입니다.

죽음이 선사하는 자유

그의 웹사이트 글에 따르면 코칭은 우리의 발목을 잡는 부정적인 생각에서 벗어나 동기를 부여하고 성과를 개선하는 데 확신을 줍니다. 그런데 이런 생각은 지금까지 우리가 살펴본 철학적 삶과는 완전히 반대되는 것입니다. 철학적 삶의 초점은 우리가 가진 꿈이나 욕망을 최대한 실현할 수 있도록 하는 게 아니라, 그 꿈이 우리의 짧은 삶에 비추었을 때 과연 추구할 가치가 있는지 따져보는 것이기 때문입니다.

저는 코칭 자체를 완전히 반대하지는 않습니다. 다만 '메멘토 모리'에 대한 전형적인 이해가 '얼른 서둘러! 꿈을 찾으라고! 꿈을 막는 장애물은 치워버려!'라는 식이 되어서는 안 되며, 그런 메시지는 다시 한번 돌아볼 필요가 있다고 생각하는 것이지요. 서둘러 꿈을 찾으라는 태도는 마음의 평화와 성찰을 추구하는 철학과는 거리가 멉니다. 아마 라이프 코치는 이렇게 초조하게 물을 것입니다. "대체 뭘 기다리는 거야?" 그러면 철학자는 이렇게 담담하게 대답할 것입니다. "죽음."

제가 다소 지나치게 해석하는 건지도 모르겠지만 매닝의 메시지가 죽음을 도구화한다는 것은 쉽게 이해할 수 있습니다. 죽음에 대한 인식을 개인의 꿈을 이루는 원동력으로 삼는 것이지요.

저는 얼마 전에 한 사업가가 《뉴욕타임스》에 쓴 「더 행복해지려면 죽음을 더 많이 생각하라」라는 글에서 더 분명한 사례를 마주했습니다.[11] 저라면 이렇게 대답하고 싶네요. "아니에요. 우리가 죽음을 생각해야 하는 건 그런 이유가 아니라고요. 죽음을 생각해야 하는 이유는 그것이 삶의 의미를 형성하는 토대가 되기 때문입니다. 물론 죽음을 생각해서 행복해진다면 그것도 나쁘지 않겠지요. 하지만 죽음에 대한 생각은 그런 생각과 상관없이 그 자체로 의미가 있어요."

이번 장에서 저는 죽음이 의미를 만드는 전제 조건이라고 주장했습니다. 사실 죽음은 그 자체로 우리를 행복하게 만들어주지는 않을 것입니다. 하지만 그렇다 해도 그것을 주어진 현실로, 의미가 존재할 수 있도록 만드는 필수 조건으로 여겨야 합니다. 몽테뉴를 포함한 많은 철학자는 우리가 죽음이라는 피할 수 없는 운명과 올바르게 관계를 맺어야 한다고 말합니다. 그러면 실존적인 자유로 가는 길을 안내받을 수 있기 때문입니다. 죽음은 그 자체로 우리가 의지해야 할 삶의 관점은 아니지만, 다른 관점들이 존재하기 위한 필수적인 토대가 되는 거지요.

이제 덴마크의 시인 리스비에르 톰센의 짧은 시를 소개하면서 이번 상을 마무리하려 합니다.[12] 이 시에서 톰센은 죽음의 중요성에 대해, 살아 있는 내내 우리와 함께하는 죽음에 대해 말합니다. 톰센에게 죽음은 우리의 탄생과 동시에 시작해서, 삶이 끝나서도 멈추지 않는 하나의 과정인 것입니다.

아마 어느 삼월 밤

한 순간이 지날 때마다
나는 조금 죽는다.

살아가는 내내

나는 죽음을 안고 다닌다.

비가 내리고 날씨가 풀리는 따뜻한

어느 밤, 아마 삼월에

나는 어둠 속으로 들어서고

죽어감을 멈출 것이다.

우리를 소모하는 것들로
인생을 채우지 마라

저는 이 책을 삶이 의미 없다는 우디 앨런의 말을 인용하면서 시작했습니다. 그에 따르면 우리는 결국 언젠가 소멸할 물리적 세계의 일부이므로, 우리가 사는 삶역시 아무 의미가 없습니다. 당연히 제 생각과는 많이 다릅니다. 우리가 언젠가 소멸하게 될 우주의 일부라는 사실이 삶이 아무런 의미가 없다는 명제를 꼭 참으로 만드는 것은 아니니까요. 우주의 기원과 종말을 말하는 현대 물리학 이론이나 인류의 진화 과정과 멸종 가능성을 살피는 진화생물학의 가르침에 동의하면서도, 우리 삶이 의미가 없다는 호들갑스러운 결론에는 고개를 끄덕일 수 없습니다.

우리가 언젠가 소멸할 우주의 일부이므로 삶에도 의미가 없다는 주장은 책에 쓰인 글자가 흰 종이 위의 검정 잉크일 뿐이며, 잉크의 화학적 성질 때문에 특정 방식으로 빛을 반사하는 것이니, 이 책에는 아무 의미가 없다고 주장하는 것과 같습니다. 물론 몇몇 독자들에게는 이 책이 의미 없을 수도 있겠지만, 그런 평가는 내용 때문이지 빛이나 잉크 때문은 아닙니다. 책을 읽을 때나 삶의 의미를 고려할 때 우리가 다루어야 할 것은 바로 내용이니까요.

제 책은 오늘날 우리가 삶의 목적을 제대로 이해하지 못한 채 도구주의에 매몰되었다는 인식에서 출발합니다. 우리는 이 세상을 측정하는 일에는 능숙할지 모르지만, 정작 그렇게 측정한 것의 가치를 평가하는 일에는 서툽니다. 아이의 학습력을 높이고 어른의 업무 생산성을 최대화할 수단은 개발했지만, 아이가 읽은 책의 내용과 어른이 생산한 것의 가치를 토론할 능력은 잃어버렸습니다.

오늘날 우리는 국가적 차원에서나 일상적 삶에서나 매사 늘 계산하고 비용 대비 효과를 분석하면서 최대한의 가성비를 얻으려 합니다. 그러면서도 정작 우리 삶의 의미를 토론하는 것은 어려워하지요. 이 책에서는 바로 이런 문제를 말하기 위해 도구화라는 단어를 썼습니다. 도구화란 목적보다 수단을 중시함으로써 수단이 목적으로 변질되는 현상을 뜻합니다.

그런 현상에 맞서 제가 제안하는 해결책은 그 자체로 가치를 지닌 활동을 삶의 지침이자 토대가 될 관점으로 받아들이라는 것입니다. 이런 활동은 실용성의 관점에서 보면 쓸모없는 일로 보일 수 있습니다. 그러나 역설적이게도 이것은 무척 쓸모 있는 형태의 쓸모없음입니다. 저는 이 책을 통해 철학의 역사를 관통하는 하나의 생각을 보여주려 했습니다. 바로 철학을 삶의 방식으로 받아들이는 것이 삶의 도구화에 맞서는 길이라는 생각입니다. 얼핏 보기에는 여기서 제가 철학을 도구화하

는 것처럼 보일지도 모르지만, 그건 오해입니다. 저는
가치에 대한 철학적 성찰이 그 자체로 의미를 지닌다고
말하고 싶습니다. 철학적 삶은 의미를 향한 수단인 동시
에 그 자체로 목적이지요. 바로 아리스토텔레스가 최고
선으로 여긴 행복을 묘사할 때 했던 말과 같습니다.

도구화 현상의 문제

　사실 도구화 현상에 대한 비판은 새로운 것이 아닙
니다. 이에 대한 가장 유명한 분석이자 비판서로는 테오
도어 아도르노와 막스 호르크하이머의 『계몽의 변증법』
을 꼽을 수 있습니다. 두 사람은 사회 문제에 관심을 기
울이는 '비판이론'으로 잘 알려진 프랑크푸르트학파 철
학자입니다.[1] 비판이론은 철학을 기반으로 사회의 지배
이데올로기를 분석합니다.
　제2차 세계대전 기간에 쓰이고 1947년에 출판된
『계몽의 변증법』은 유럽의 전체주의, 특히 나치의 등장

배경을 날카롭게 분석합니다. 과학 기술과 인권의 놀라운 발전에 기여한 유럽의 계몽주의 사상이 어떻게 불과 2세기 만에 끔찍한 파시즘과 나치즘의 탄생으로 이어졌을까요? 의학이나 공학, 교육 이론 같은 현대 학문은 인류에게 더 큰 힘을 주고, 중세 봉건 사회의 끔찍한 고역에서 우리를 해방시켜주리라 여겨졌습니다. 하지만 정작 인류가 마주한 결과는 두 차례의 세계대전과 홀로코스트였지요.

아도르노와 호르크하이머도 전체주의의 공포는 인류가 전근대적 야만으로 퇴보하고 회귀해서 일어난 것이 아니라, 현대성 그 자체에서 기인한 결과라고 주장했습니다.[2] 이성과 진보에 대한 현대성의 믿음은 유토피아 사회라는 전체주의의 꿈으로 너무 쉽게 변질되었고, 이런 꿈을 좇기 위해 모든 수단이 정당화되었던 것이지요. 아도르노와 호르크하이머에 따르면 현대성과 계몽주의는 세상을 탈신비화시켰습니다. 다시 말해 과학기술은 인류를 지배하던 종교나 신화 같은 것을 파괴하는 데 성공했지만, 동시에 그 과정에서 더 큰 문제를 키웠던 것

242

입니다. 우리는 인간의 본성을 포함한 자연을 지배할 수 있게 되었을지는 모르지만, 지배자의 지위로 무엇을 해야 할지는 몰랐습니다. 우리 행동을 올바르게 인도할 가치를 인식하지 못했기 때문입니다. 그 결과 우리는 모든 것을 수단으로 만들어버렸습니다.

사회학자 막스 베버는 '탈주술화'라는 용어를 사용했습니다. 그 뜻은 앞에서 말한 탈신비화 개념과 비슷합니다. 우리가 살아가는 이 세상의 의미가 차츰 사라지는 것을 말하지요. 그와 동시에 내면세계가 '심리학화'(20세기 이후 심리학의 영향력이 커지면서 심리학이 인간과 세계를 분석하는 지배적인 관점이 된 경향을 일컫는 말—옮긴이)와 주관성을 더욱 강조하는 형태로 '주술화'됩니다. 아도르노와 호르크하이머의 표현을 빌리면 모든 것이 탈신비화된 오늘날 이성은 "모든 것을 포괄하는 경제 기계의 도구"가 되고 말았습니다.[3] 점점 그 자체로 가치 있는 것이 있다는 생각을 이해할 수 없게 되었고, 그 결과 모든 것을 수단과 도구로 만들어버린 것이지요.

이러한 현상은 우리 이성에도 상당한 타격을 가함

니다. '계몽의 변증법'은 이성을 도구주의와 효용 분석, 실용적인 계산이나 하는 도구로 전락시켜버렸습니다. 우리가 살펴본 것처럼, 그 결과는 허무주의입니다. 나치를 비롯해 당대의 다른 전체주의 이데올로기로 나타난 적극적 허무주의뿐 아니라, 일상에서의 소극적 허무주의도 낳았지요. 의미가 우리 내면에서 나올 수밖에 없으며 순전히 주관적이라는 입장 말입니다.

오늘날 우리는 수많은 문제점과 다양한 절규를 마주하고 있지만, 다행히도 『계몽의 변증법』이 쓰인 때보다는 덜 드라마틱한 상황에 놓여 있습니다. 물론 도구화와 허무주의에 대한 비판은 우리 시대에도 여전히 큰 의미가 있습니다. 제2차 세계대전 이래 우리는 점점 더 시장과 경쟁국가, 최대 효과, 성과 따위를 무조건 좇아야 할 당위적인 목적으로 만들었으니까요. 저는 이런 상황을 비판하면서, 그 자체로 가치 있는 것이 여전히 우리 삶에 존재한다는 사실을 보여주기 위해 삶의 의미가 샘솟는 오아시스를 끊임없이 언급했습니다. 이번 책에서는 그것을 의미 있는 삶을 위한 10가지 관점으로 제시했지만, 그 목록은 더 늘어날 수도 있고 수정될 수도 있습니다. 예를 들어 놀이, 신뢰, 지식, 민주주의, 교육, 우정, 예술 같은 것도 새롭게 포함시킬 수 있겠지요. 물론 이들 가운데 몇몇은 책에서 언급하기도 했지만요.[4]

이러한 10가지 관점은 제게 특별한 의미가 있지만 사람에 따라 다르게 볼 수도 있을 것입니다. 저는 그 자체로 가치 있는 것이 무엇인지 모든 사람이 동의하리라고는 기대하지 않습니다. 다만 이 책을 읽고 무엇을 의미 있는 관점으로 여겨야 할지를 서로 자유롭게 토론할수 있으면 좋겠습니다. 이런 맥락에서 민주주의나 민주적인 대화 같은 것도 그 자체로 의미 있는 관점이 됩니다. 우리에게 무엇이 올바른 관점인지를 집단적으로 성찰할 수 있도록 도와주니까요.

이러한 대화는 교육의 맥락에서 다룰 만한 문제입니다. 그런데 교육은 최근 들어 그 본질적인 의미를 심각하게 위협받고 있습니다. 학교는 학생을 시민으로 키워내야 할 책임이 있습니다. 시민은 어떤 것이 진짜 의미 있고 가치 있는지 지적으로 토론할 능력을 지닌 사람이지요. 그런데 안타깝게도 오늘날의 학교는 그런 자신의 역할을 잃고 끝없이 도구화되고 있습니다.

무엇이 우리가 딛고 설 만한 삶의 관점인지 모든 사람이 동의하지 않아도 괜찮습니다. 다양성은 언제나 바람직한 현상이지요. 문제는 사람들이 점점 주관성 말고는 아무 의미가 없다고 여기거나(심리학화), 수단과 시장만 철저히 중시하며 그 외에는 아무 의미가 없다고 섣불리 결론짓는(도구화) 태도입니다. 두 경우 모두 인간이 공동체적인 존재라는 것과 우리에게는 마땅히 추구해야 할 덕이 있다는 것을 무시합니다. 하나는 개인의 소망과 욕망을 실현하는 일에만, 다른 하나는 성과를 최적화하라는 사회의 요구에만 집중하지요.

의미에 대한 4가지 관점

지금부터는 의미를 바라보는 4가지 일반적 관점을 간단하게 살펴보겠습니다. 이 관점들은 지금까지 다양한 방식으로 소개해드렸지요. 사실 4가지 관점은 모두 장점이 있습니다. 이를 표로 만들면 아래와 같습니다. 가로축은 의미가 경험과 행동 중 무엇과 관련이 있는지 다룹니다.[5] 그리고 세로축은 의미가 주로 특수한 것에서 나오는지, 아니면 보편적인 것에서 나오는지 다룹니다.

삶의 의미	경험 차원 (좋은 감정)	행동 차원 (좋은 행동)
특수한 것 (나 자신 되기: 자아실현)	쾌락주의	니체
보편적인 것 (인간 되기: 양육과 교육)	공리주의	의무와 덕의 윤리학

자, 이제 이 4가지 관점의 특징을 잘 보여줄 대표적인 철학을 간단히 소개하겠습니다. 우선 왼쪽 위 칸의 쾌락주의부터 시작해볼까요? 아마도 오늘날 우리 사회에서 가장 흔하게 찾아볼 수 있는 관점일 텐데요. 좋은 삶이란 죽기 전까지 되도록 많은 것을 경험하는 것이며, 이때 개인은 자기 경험의 가치를 평가하는 유일한 권위

자가 됩니다. 쾌락주의를 이 칸에 넣은 이유는 이 철학이 쾌락을 삶에서 가장 중요한 것으로 강조했기 때문입니다.

흔히 취향은 토론에 부칠 문제가 아니라고 말하는데, 쾌락주의자들은 이 원칙을 삶의 모든 문제에 보편적으로 적용합니다. 음악 오디션 프로그램을 보는 게 인생에서 가장 즐거운 일이라면 그게 바로 내 삶의 의미가 된다는 식이지요. 다른 사람들은 분명 나와 취향이 다르겠지만, 그들이 내 생각을 바꿀 수는 없습니다. 무엇보다 이런 사고방식에 따르면, '나'는 고유하고 독창적인 개인으로서, 자기 자신의 내면 깊숙한 욕망을 얼마든지 좇아도 됩니다.

이런 생각은 쉽게 주관주의로 기웁니다. 인간에게 객관적이며 공통된 가치나 책임이 있다는 어떤 생각도 탐탁지 않게 여기지요. 자기계발 산업이 이런 사고방식에 상당히 의존합니다. 그들에게 삶이란 그저 개인이 좋아하는 것을 찾고, 가능한 최선을 다해 그것을 실현하는 것입니다. 여기서 삶의 의미는 우리가 진짜 원하는 것을 찾는 데 있습니다. 그걸 그냥 하기만 하면 되도록 말이지요.

그 아래 칸에서 일종의 사회화된 쾌락주의를 공리주의 형태로 보게 됩니다. 공리주의는 가치를 토대로 하는 도덕적인 철학입니다. 가능한 한 많은 사람을 행복하게 하는 행위가 좋다고 주장하지요. 쾌락주의와 마찬가지로 공리주의의 초점도 개인의 행복에 있습니다. 다만 쾌락주의와는 차이점이 하나 있습니다. 바로 각각의 개인이 아닌 되도록 많은 개인이 욕망을 실현하고 행복을 느끼는 것을 도덕적으로 선하다고 여기는 것이지요. 공리주의도 도구화 현상과 거리가 가깝습니다. 공리주의에서는 개인의 주관적 경험 외에는 그 자체로 좋은 것이 없기 때문입니다. 다른 모든 것은 그저 행복을 늘리고, 불행을 최소화하는 수단으로 여기는 것이지요.

하지만 공리주의에는 교육적인 측면도 있습니다. 공리주의가 성립하기 위해서는 다른 사람의 욕구와 필요에 주의를 기울이는 개인이 필요하고, 이것이 좋은 시민으로 구성된 좋은 사회를 만드는 전제 조건이기 때문이지요. 제가 보기에 공리주의는 분명 문제가 있지만, 그 밑에 깔려 있는 합리적인 요소는 우리가 참고할 만합니다. 의미 있는 삶도 분명 어느 정도는 긍정적인 경험으로 구성되니까요. 이를테면 우리는 의료 서비스 혜택을 되도록 많은 환자가 받을 수 있도록 의료 자원을 최대화할 방법을 검토해야 합니다. 문제는 우리가 주관적인 경험만을 의미 있는 것으로 간주할 때 생깁니다. 이런 생각은 지속 가능하지도 않고, 주관주의와 심리학화를 초래하기 때문이지요.

오른쪽 위 칸에는 니체가 있습니다. 니체는 삶에 대한 강한 의지를 가진 개인이 자신만의 의미를 창조해야 한다는 관점을 대표합니다. 그는 경험을 토대로 행복을 창조하려는 철학들을 경멸하며 이런 말을 남겼습니다. "인간은 행복을 갈구하지 않는다. 오직 영국인들만 그럴 뿐이다." 행복을 최대화하기 위해서는 모든 가치를 양적으로 계산해야 한다고 믿었던 영국의 공리주의자들을 두고 한 말이지요. 니체는 삶을 깊이와 지성이라는 측면에서 주로 묘사하는 것 같습니다. 그것이 오로지 개인의 의지와 능력에만 집중되기는 하지만요. 그의 철학은 엘리트주의적입니다. 니체와 같은 생각은 경험을 중시하는 철학보다는 본질적인 삶의 의미에 좀 더 올바르게 접근할 수 있는 방법입니다. 하지만 그의 철학 또한 이미 우리에게 현실로서 주어진, 개인의 외부에 있는 의미의 근원을 부정하기 때문에 주관주의적입니다.

개인의 외부에 있는 의미의 근원을 긍정하는 것은 바로 마지막 칸에 있습니다. 여기서 의미는 인간 공동체의 구성원으로 살아가는 삶과, 그 삶에 포함되는 책임과 관련 있습니다. 아리스토텔레스부터 출발하는 '덕의 윤리'와 칸트로 대표되는 '의무의 윤리'가 바로 여기에 초점을 맞추지요. 두 전통 사이에는 중대한 차이가 있긴 하지만, 모두 의미 있고 가치 있는 것이 개인의 주관성이 아닌 인간 본성(아리스토텔레스)과 이성(칸트)에서 나온다고 봅니다. 그들의 철학에서 의미와 가치는 긍정적인 결과를 낼 수 있는지 여부가 아니라, 그 자체로 존재하는 것으로 정의됩니다.

쾌락주의자는 어떤 행동이 좋은 이유를 그들 자신

이 그것을 좋아하기 때문이라고 말합니다. 한편 공리주의자는 그 행동이 되도록 많은 사람에게 좋기 때문이라고 말합니다. 아리스토텔레스라면 우리는 좋은 일을 하는 걸 좋아하는 법을 배워야 하며, 그게 그 자체로 좋기 때문이라고 말할 것입니다. 칸트라면 어떤 행동이 좋을 때는 그것이 객관적 도덕성에 따라 수행될 때라고, 또한 인간은 그 자체로 존엄한 존재이므로 그 어떤 경우에도 수단으로 전락해서는 안 된다고 덧붙이겠지요. 바로 이 마지막 칸에 우리가 도구화에 저항할 수 있는 가장 강력한 관점이 자리하고 있습니다.

그러나 앞에서 언급한 것처럼, 다원주의적 관점에서는 다른 칸의 생각 역시 완전히 틀렸다고는 할 수 없습니다. 아쉽게도 우리 삶에는 그 자체로 목적이 되는 것들이 있다는 중요한 통찰을 놓치긴 했지만요. 또한 우리는 경험을 통해 얻을 수 있는 주관적인 행복이 반드시 삶의 의미로 연결되지는 않는다는 점도 잊어서는 안 됩니다. 칸트는 『도덕 형이상학을 위한 기초』에서 이렇게 말합니다. "행복한 사람과 선한 사람은 완전히 다르다."

앞에서 인용했던 베케트의 부조리극에서처럼 우리는 행복할 때에도 여전히 '고도', 또 다른 어떤 것을 기다립니다. 이와 달리 우리가 선한 사람이 되면 의미로 충만한 삶을 살 수 있습니다. 종종 그 삶이 우리의 주관적인 행복과 충돌한다 하더라도 말입니다. 역사적으로도 자유를 위해 싸운 투사나 타인을 위해 자신을 희생한 수많은 사람이 있습니다. 그들은 개인의 행복을 포기하면서까지 의미 있는 중요한 가치를 추구했지요. 당연히 그들은 의미 있는 삶을 살았다고 할 수 있습니다.

이들과 정반대로 우리는 행복한 사이코패스 독재자를 상상할 수도 있습니다. 그러나 그가 평생 부귀영화를 누리며 건강하게 산다고 하더라도, 어느 누구도 그의 삶이 의미 있다고 말하지는 않을 겁니다.

선하고 의미 있는 삶을 사는 사람이 고통받고, 정반대의 삶을 사는 사람이 행복과 건강을 누리는 것은 안타깝고 비극적인 일입니다. 그러나 바로 이 점이 개인의 행복을 기꺼이 희생하면서까지 선을 행하는 사람을 우리가 더욱 존경하는 이유이기도 하지요.

좋은 삶은 행복이 아니라
의미에 달려 있다

마지막으로 철학적 메시지를 담고 있는 유명한 공상과학 이야기를 하나 소개하겠습니다. 철학자 로버트 노직이 『아나키에서 유토피아로』에서 언급한 것으로, 삶의 의미를 위해서는 경험보다 행동이 중요하다는 것을 잘 보여줍니다.[6] 여기서는 책의 맥락에 맞게 내용을 조금 수정해서 소개하겠습니다.

어떤 위대한 과학자가 일종의 '경험 기계'를 발명했다고 상상해봅시다. 경험 기계란 정교한 인터페이스를 통해 우리의 중추신경계에 연결된 슈퍼컴퓨터입니다. 이 기계에 연결된 사람은 누구나 가장 행복하고 만족스러운 경험을 하게 됩니다. 개인의 기호에 따라, 축구 팬은 호날두나 메시 같은 뛰어난 선수가 되어 월드컵에서 우승하거나, 국가대표팀 감독으로 승승장구할 수 있습니다. 세계적인 피아니스트도 될 수 있고, 불치병을 치료해 노벨상을 받는 의사가 될 수도 있지요. 정확하게 말하면 기계에 연결된 사람은 이런 경험을 했다고 느낄 수 있습니다. 그 경험은 너무나 생생해서, 마치 현실에서 자신이 직접 경험한 것처럼 느끼게 됩니다. 경험 기계에 연결된 사람은 이내 자신의 경험이 가짜라는 사실조차 잊게 됩니다. 게다가 이 기계는 연결 과정이 너무 복잡해서 한 번 연결되면 두 번 다시 현실로 돌아갈 수 없습니다. 물론 기계가 제공하는 굉장히 다채로운 행복을 평생 보장받겠지만요.

영화 「매트릭스」를 봤던 사람은 이 설정이 굉장히 친숙할 겁니다. 사실 이 영화는 노직의 책에 큰 영감을 받았습니다. 책이 출간된 지 25년쯤 뒤에 영화가 나왔지요. 아무튼 저는 여기서 한 가지 질문을 던지고 싶습니다. 만약 여러분은 이런 기계가 있다면 정말 거기에 연결되기를 바라시나요?

비관주의자는 이렇게 말할지 모릅니다. 어차피 오늘날 미디어 사회에서 우리 삶은 경험 기계 속에서 사는 것과 다를 바 없다고 말이지요. 하지만 우리에게는 아직 선택의 여지가 있습니다. 온갖 미디어에서 벗어나 스마

트폰까지 잠시 놔두고, 고요한 숲속을 여유롭게 산책할 수 있지요.

앞선 물음에 답하자면, 저는 절대로 그런 기계에 연결되고 싶지 않습니다. 이 물음을 두고 이야기를 나눠본 다른 사람들도 비슷한 대답이었지요. 왜 그럴까요? 제가 들은 이유 중 하나는 우리가 행복하다고 느끼려면 종종 고난과 불행에도 부딪혀야 하는데, 경험 기계는 오직 행복만 제공한다는 것입니다. 사실 이 주장은 아주 날카로운 비판이라고는 할 수 없는데, 그 기계가 행복과 불행을 잘 조합해서 최적의 만족감을 제공할 수도 있기 때문입니다. 제 생각에 좀 더 나은 비판은 이 기계가 경험만을 주는 걸 꼬집는 것입니다. 주관적인 경험을 통해 행복감은 얻겠지만, 의미는 전혀 얻을 수 없지요. 오직 경험했다는 느낌만 줄 뿐, 우리가 진짜로 행동할 기회는 없기 때문입니다.

우리가 삶을 직접 사는 것과 그저 가만히 앉아 경험하는 것은 완전히 다릅니다. 경험 기계는 후자에 해당되지요. 저는 많은 사람이 경험된 삶보다는 진짜 삶, 그러니까 온갖 불확실성과 고난을 겪으며 동시에 의미 있는 활동도 할 수 있는 삶을 선택하리라 믿습니다.

만약 우리가 경험이나 주관적인 감정만으로 행복을 규정하고 그것이 최선이라고 결정하면, 굳이 경험 기계에 연결되는 것을 거부할 필요가 없습니다. 기계에 연결되는 순간 곧바로 별다른 노력 없이 최고의 행복을 보장받을 테니까요. 그러나 많은 사람이 그런 기계에 연결되는 것을 거부한다면, 결국 우리는 주관적 행복을 최상의 가치이자 판단 기준으로 여기지 않는다는 것 아닐까요? 이러한 태도는 칸트의 관점과도 연결됩니다. 우리는 단순히 행복을 최대한 많이 얻는 삶이 아니라, 의미 있는 삶을 살기를 바랍니다. 사람들과의 복잡다단한 진짜 관계 속에서 말이지요.

또한 우리는 여전히 행복이 최상의 가치라는 생각은 지키되, 그 행복이 경험에 의해 규정된다는 주장에는 반박할 수 있습니다. 이런 생각은 아리스토텔레스가 말한 덕의 윤리라는 관점과 같습니다. 앞선 1장에서 다루었듯 아리스토텔레스는 좋은 삶(에우다이모니아)이 의미 있는 삶이라고 말합니다. 그리고 삶의 의미는 경험만으로는 결코 얻을 수 없다고 말하지요. 의미 있는 삶은 우리가 그 자체로 가치를 가진 활동에 참여할 때 얻을 수 있습니다. 바로 제 책의 핵심 메시지이기도 하지요.

삶의 의미에 대한 고대 그리스인의 관점은 분명 오늘날 우리의 관점과는 다릅니다. 이 차이를 가장 극명하게 보여주는 예시가 역사가 헤로도토스가 들려주는 클레오비스와 비톤 형제의 이야기입니다. 클레오비스와 비톤은 헤라 여신을 섬기는 사제 키디페의 아들인데요. 어느 날 어머니와 함께 수레를 타고 신전으로 가던 도중 수레를 끄는 황소가 기진맥진해 뻗어버리는 일을 겪습니다. 형제는 탈진한 황소를 버려두고 어머니가 탄 무거운 수레를 끌고 무려 8킬로미터를 걸어갔습니다. 그리고 마침내 목적지인 헤라 신전에 도착하자 힘이 빠진 형제는 쓰러져 잠이 들었지요.

키디페는 아들들이 너무나 자랑스러워 헤라에게 이렇게 소원을 빕니다. 인간에게 내려줄 수 있는 최고의 선물을 이들에게 내려 달라고요. 헤라 역시 순전히 선의로, 자신을 충실하게 섬겨온 사제의 소원을 기꺼이 들어주었습니다. 다음에 무슨 일이 일어났을까요? 형제는 두 번 다시 깨어나지 않았습니다. 죽음을 선물로 받은 것이지요.

오늘날 우리는 이 이야기의 교훈을 완벽하게 이해할 수 없습니다. 헤라가 내렸다는 선물은 오히려 벌처럼 느껴지지요. 하지만 고대 그리스의 관점에서 볼 때 헤라는 클레오비스와 비톤 형제에게 아낌없이 큰 보상을 내린 셈입니다. 그들은 당대의 관점에서 굉장히 의미 있는 행동을 했고, 그로써 삶이 완성되었기 때문이지요. 오래 살면 즐거운 일을 더 많이 경험할 수도 있겠지만, 그럴 수 없다 해도 이미 완벽하게 의미 있는 삶을 살았지요.

이 이야기를 이해하기 위해 우리는 앞에서 살펴본 예시를 다시 한 번 떠올릴 필요가 있습니다. 즉, 자유나 평등 같은 존엄한 가치를 위해 고통과 희생을 기꺼이 감수한 사람의 삶과 행복한 사이코패스 독재자의 삶을 비교해보는 것입니다. 대부분 어느 쪽이 더 좋고 의미 있는 삶인지 단번에 알아챌 것입니다.

삶의 의미를 순전히 도구적이고 경험적인 관점에서 판단해서는 안 됩니다. 행복하고 건강한 삶은 좋지만, 그런 삶이 곧 의미 있는 삶은 아니지요. 도덕적이고 의미 있는 삶은 내적 가치가 있습니다. 그 자체로 의미가 있는 것이지요. 우리는 행복이나 건강을 위해 도덕적으로 사는 것이 아니라, 그게 그냥 좋은 것이기에 도덕적으로 살아야 합니다. 물론 우리로서는 고대 그리스의 형제보다는 더 오래 살기를 당연히 바라겠지만요.

지금까지 제시한 10가지 관점은 우리 삶에서 의미를, 내적 가치를 지닌 것들을 성찰하도록 돕습니다. 옛 철학자의 생각이 시공간을 뛰어넘어 여전히 오늘날에도 의미 있을 수 있다는 사실도 함께 알려주면서 말이지요. 여러분도 지금까지 살펴본 10가지 관점과 함께, 또한 여기서 미처 다루지 못한 다른 중요한 관점에 대해 서로 즐겁게 논의하면서, 보다 의미 있는 삶을 살아가시기 바랍니다.

시작하며 | **애써 증명할 필요 없는**
가치들로 삶은 이미 충만하다

1   Woody Allen Believes That Life Is Meaningless, *buzzfeed* (2014)

2   닐스 오케르스트룀 아네르센이 경영 도구로서의 놀이를 분석한
사례를 참고하세요. 『장난스러운 권력Legende magt』(Hans Rietzels
Forlag, 2008)

3   이 내용은 제가 집필한 책 『불안 해방』, 그리고 저와 에릭센이 공
동 편찬한 『자아실현: 한계를 모르는 자기계발 문화에 대한 비판적
토론Selvrealisering-kritiske diskaussioner af en grænseløs udviklingskultur』(Klim,
2005)을 비롯한 여러 책에서 중요하게 다루고 논의했습니다.

4   심리학 전체가 그렇다고 단정 짓는 일은 지나친 단순화이며, 언제
나 훌륭한 예외가 있다는 것은 두말할 필요도 없습니다. 또한 인간
을 바라보는 특별한 방식으로서의 심리학과 실제 심리학자는 구분
해야 합니다. 심리학자들은 대개 무척 윤리적이며, 공감 능력도 대

단히 높습니다. 제가 비판한 대상은 푸코의 용어를 빌리면 일종의 문화 형태로서의 심리학입니다. 달리 말해 학문으로서의 심리학이나 실제 심리학자들, 그동안 개발된 많은 뛰어난 치료 방법을 비판하는 게 아니라, 오늘날 서구 문화의 특징을 형성한 삶의 해석 방식으로서의 심리학을 비판합니다. 푸코의 「철학과 심리학Philosophy and Psychology」이라는 글이 참고가 될 것입니다. 이 글은 『미학, 방법론 및 인식론: 푸코의 핵심 작업Aesthetics, Method, and Epistemology: Essential Works of Foucault』(The New Press, 1998)에 실려 있습니다. 저는 『도덕학으로서의 윤리학: 규범성에 대한 관점들Psychology as a Moral Science: Perspectives on Normativity』(Springer, 2011)에서 심리학의 규범적 토대가 부족한 것과 그로 인해 발생할 수 있는 도구화 위험을 주제로 깊이 있는 분석을 했습니다. 이 책은 우리 존재의 토대가 될 관점을 찾고, 개인을 타자에 대한 의무와 관계를 지닌 존재로 개념화합니다. 이런 개념화는 인간의 삶을 이해하는 데 적절한 일반 심리학의 철학적 출발점으로 해석될 수 있습니다.

5 제임스 힐먼과 마이클 벤추라가 쓴 『심리 치료 100년, 세상은 점점 나빠지고 있다We've Had a Hundred Years of Psychotherapy and the World's Getting Worse』(HarperOne, 1992)를 일컫습니다. 이 책의 요지는 감수성이 풍부하고 공감 능력이 뒤어난 사람이 사회를 개선하는 일에 참가하는 대신 심리 치료사의 소파 위에 누워 오직 자기계발에 힘쓰고, 내면의 자아를 찾는 데 애쓰고 있다는 것입니다.

6 Stanley Cavell, *The Claim of Reason* (Oxford University Press, 1979), p.125

7 Pierre Hadot, Philosophy as a Way of Life (Blackwell, 1995)

8 Simon Critchley, *Infinitely Demanding: Ethics of Commitment,*

Politics of Resistance(Verso, 2007)

9 이 책은 신 존재 문제에 대해 불가지론적 입장을 보입니다. 신은 있을 수도 있고 없을 수도 있지요. 이 문제에 대한 제 관점과는 상관없이 세속화는 현대사회와 삶에 대해 토론할 만한 좋은 배경이 됩니다. 가톨릭 신자이자 사회학자 찰스 테일러는 자신의 주요 저서 『세속 시대A Secular Age』(Harvard University Press, 2007)에서 이렇게 말합니다. 세속 사회란 신에 대한 믿음이 당연시되지 않고, 여러 선택지 가운데 하나가 되는 사회라고 말입니다. 세속 사회에도 종교인이나 종교 활동이 많을 수 있지만, 그럼에도 모두가 종교를 갖고 신 존재가 당연시되는 사회와는 완전히 다릅니다. 세속화 이후 일단 종교가 선택의 문제가 되고 나면, 그 이전 사회로 되돌아가는 것은 불가능합니다.

10 토드 메이는 신의 존재가 그 자체로 의미를 보증하지는 못한다고 주장합니다. 『의미 있는 삶A Significant Life: Human Meaning in a Silent Universe』(University of Chicago Press, 2015)을 참고하세요.

11 Darrin McMahon, *Happiness: A History*(Atlantic Monthly Press, 2006), p.454

12 Tania Zittoun, *Transitions: Symbolic Resources in Development* (Information Age, 2006)

1장 | 손익만 따지는 삶은 빈곤하다

1 기사가 실린 곳은 책의 42~44쪽이며 책의 저자는 리스토 파카리넨입니다.

2 "몇몇 목적은 다른 목적보다 하위에 놓인다. 왜냐하면 전자가 추구하는 것의 동기가 바로 후자이기 때문이다. 예를 들어, 말의 굴레를 만드는 활동은 그 동기가 되는 더 중요한 활동인 승마술에 종속된다. (중략) 작은 목적을 추구하는 활동보다 그 활동이 추구하는 큰 목적이 더 우월하다. 따라서 더 선호되어야 한다."

3 이는 피에르 아도의 『삶의 방식으로서 철학Philosophy as a way of life』의 주요 주제 가운데 하나이기도 합니다.

4 덴마크 교육과정에 하루 45분 운동 시간이 도입될 때의 이유 중 하나가 45분 운동이 어린이들의 수학과 언어 능력을 향상시킨다는 주장이었습니다.

2장 | 모든 평범한 사람이 존중받을 자격이 있다

1 Karl Ove Knausgaard, *A Death in the Family*, translated by Don Bartlett(Harvill Secker, 2013), p.3
인용문 이후에는 심장과 혈액, 몸에 대한 명상이 이어지면서, 이 책의 주제인 죽음을 다룹니다.

2 『도덕형이상학 정초』는 1785년 독일에서 첫 출판되었습니다.

3 위의 책.

3장 | 죄책감을 느낄 때 한 명의 인간으로 성장한다

1 Friedrich Nietzsche, *On the Genealogy of Morality*(Cambridge

University Press, 1994), p.35

이어지는 내용은 제가 미켈 흐비 야콥센과 잉게르 글라빈 보가 편집한 『일상의 감정들Hverdagslive følelser』(Hans Reitzels Forlag, 2015)을 위해 쓴 글인 「죄책감-도덕성의 감정Guilt - the feeling of morality」을 토대로 합니다.

2   이는 사비나 로비본드의 중요한 도덕철학책인 『윤리적 형성Ethical Formation』(Harvard University Press, 2002)이 다루는 핵심 주제 가운데 하나입니다.

3   Judith Butler, *Giving an Account of Oneself*(Fordham University Press, 2005)

4   위의 책, p.85

5   Anders Fogh Jensen, *The Project Society*(Aarhus University Press, 2012)

4장 │ 우리는 반성하며 앞으로 나아가는 존재다

1   Søren Kierkegaard, *The Sickness Unto Death*(1849)

2   Lev Vygotsky, *Mind in Society: The Development of Higher Psychological Processes*(Harvard University Press, 1978)

3   코펜하겐대학교 쇠렌 키르케고르 연구소의 크리스티안 요르트키에르가 그런 예입니다.

4   그의 책 『자아의 원천들Sources of the Self』(Harvard University Press, 1989)에서 사례를 찾을 수 있습니다.

1   Hans-Jørgen Schanz, *Handling og ondskab-en bog om Hannah Arendt*(Aarhus Universitestsforlag, 2007), p.39

2   Hanna Arendt, *The Human Condition*(Chicago University Press, 1998), p.279

3   *Philosophy as a Way of Life*, p.212

4   덴마크 일간지 《폴리티켄Politiken》에 실렸던 헨리크 호이 올레센의 기사.

5   기본적으로 저는 스스로를 진화론자로 생각한다는 걸 분명히 밝혀 두고 싶습니다. 다윈은 멋진 자연과학자이며 그의 관찰과 이론은 옳은 것으로 증명되었습니다. 하지만 그건 요즘 진화심리학자들이 다윈의 이론에서 끌어낸 결론과는 전적으로 다른 이야기입니다. 그들은 다윈의 진화론이 인간 존재를 이해하는 필요조건일 뿐 아니라 충분조건이기도 하다는 결론을 내립니다. 저는 그건 아니라고 생각합니다. 우리의 신념이 오로지 생존과 적응을 위한 효용 가치만을 토대로 한다면 삶의 모든 규범이 그 근거를 잃게 되니까요. 이런 종류의 환원주의적 다윈주의가 지닌 또 다른 문제는 어떤 이론에 대한 신념이 그 이론이 생존과 적응을 위한 효용 가치를 갖고 있느냐 없느냐에 달려 있다는 믿음입니다. 결국 이론이 자기를 부정할 위험을 무릅쓰게 되지요. 이런 주장을 표현한 연구 중에는 토머스 네이글의 『마지막 말The Last Word』(Oxford University Press, 1997)이 있습니다.

6장 | 타인과 손잡지 않고 살아갈 수 없다

1 Kees van Kooten Niekerk, 'Road to The Ethical Demand', in D. Bugge and P. A. Sørensen(eds.), *Livtag med den etiske fordring*(Klim, 2007)

2 K. E. Løgstrup, *Den etiske fordring*(1956: Gyldendal, 1991), p. 27; *The Ethical Demand*(Univeristy of Notre Dame Press, 1997) edited by Hans Fink.(English Edition)

3 *Den etiske fordring*, p.25

4 위의 책, p.37

5 위의 책, p.39

6 수많은 과학 자료를 여기에 인용할 수 있을 듯합니다. 다음 자료도 참고가 될 것입니다.
   Christopher Peterson and Martin Seligman, *Character Strengths and Virtues: A Handbook and Classification*(Oxford University Press, 2004)

7 *Den etiske fordring*, p.271

8 위의 책, p.33

9 Richard Sennett, *The Craftsman*(Yale University Press, 2009)

7장 | 남을 사랑하는 것이 자신을 사랑하는 길이다

1 Iris Murdoch, 'The Idea of Perfection'(1962), in *Existentialists and Mystics*, edited by Peter Conradi(Penguin, 1997)

2   Iris Murdoch, 'The Sovereignty of Good Over Other Concepts' (1967), in *Existentialist and Mystics*

3   Iris Murdoch, 'The Sublime and the Good' (1959), in *Existentialists and Mystics*, p.215

4   'The Sovereignty of Good Over Other Concepts', p.373

5   Jens Mammen, *De menneskelige sans* (Dansk Psykologisk forlag, 1996)

6   'The Sublime and the Good', p.215

7   Carl Rogers, *Becoming Partners: Marriage and Its Alternatives* (Dell, 1970), p.10
    칼 로저스는 심리학에서 프로이트에 견줄 만한 무척 중요한 인물입니다. 프로이트만큼 유명하지는 않지만 무조건적인 수용과 인정을 토대로 한 로저스의 '인간 중심 치료'는 코칭과 강점 탐구 이론 같은 많은 현대의 관계적 치료에 직접적인 영향을 미쳤습니다.

8장 | 용서는 자신에게 주는 선물이다

1   언어학자 페르디낭 드 소쉬르가 토대를 닦은 구조주의는 20세기 철학과 비교문학, 사회과학에서 대단히 영향력 있는 사상입니다.

2   이 주제에 관심이 있다면 사이먼 크리츨리의 『죽은 철학자들의 서』 (이마고, 2009)를 참고하세요.

3   Nils Malmros: Her og nu var der ikke andet i verden end at redde Mariannes liv, *politiken* (2013)

4   위의 기사.

5   Jacques Derrida, *On Cosmopolitanism and Forgiveness*(Routeldge, 2001), p.32

6   *Ud & Se*, no.11(2015), p.32

7   *Den etiske fordring*, p.141

9장 | 책임의 무게를 느낄 때 삶은 가벼워진다

1   John Dewey, *Human Nature and Conduct*(The Modern Library, second edition, 1930), p.303

2   Jørn Boisen, 'Camus og eksistentialismen' (2009) in *Studier i eksistenstænkningens historie og betydning*(Aarhus University Press, 2009), p.71

3   Albert Camus, *Resistance, Rebellion and Death*(The Modern Library, 1963), p.70

4   Isaiah Berlin, *Four Essays on Liberty*(Oxford University Press, 1969)

5   위의 책, p.157

6   *Resistance, Rebellion and Death*, p.66

10장 | 끝이 있기에 모든 순간이 소중하다

1   Hans Jonas, 'The Burden and Blessings of Mortality', *Hastings Center Report*, 22(1992), pp.34-40

2   Hans Jonas, 'Questioning Constructionism: Toward an Ethics of Finitude', *Journal of Humanistic Psychology*, 46:1 (2006), pp.92-111

3   'The Sovereignty of Good Over Other Concepts', in *Existentialists and Mystics*, p.381

4   Cicero, 'Against Fear of Death', in *On Living and Dying Well*(Penguin Classics, 2012)

5   Plato, *Phaedo*, 64a

6   Plato, *Phaedo*, 67e

7   Todd May, *Death*(Acumen, 2009), p.76

8   『죽은 철학자들의 서』

9   『죽은 철학자들의 서』가 그런 목록입니다. 이 책은 거의 200명에 달하는 철학자의 죽음을 자세히 소개합니다. 이로써 그들 사상에 대한 통찰을 제공하고, 우리 문화사의 일부로서 죽음을 성찰하게 합니다.

10 *Philosophy as a Way of Life*, p.246

11 to be happier start thinking more about your death, *New York Times*(2016)

12 *Dagen og Natten*(1948)

마치며 | 우리를 소모하는 것들로 인생을 채우지 마라

1   Theodor Adorno and Max Horkheimer, *Dialectic of Enlightenment*(Verso, 1997)

2 특히 바우만의 『현대성과 홀로코스트Modernity and Holocaust』(Cornell University Press, 1989)를 참고하세요.

3 *Dialectic of Enlightenment*, p.30

4 여러 철학자가 인간의 기본적인 가치 목록을 제시했습니다. 예를 들어 마사 누스바움이 제시한 인간의 기본 역량(생명, 신체 건강, 신체 결정권, 감각, 상상, 사고, 감정, 실천이성, 협력 관계, 다른 생물종, 놀이, 자기 환경에 대한 통제) 개념이 있습니다. 보수적인 철학자 존 피니스는 자신이 자연법칙이라 여기는 것을 토대로 7가지 '인간의 기본 선'을 나열합니다. 생명, 지식, 놀이, 심미적 경험, 우정, 실천이성, 종교가 바로 그것입니다. 누스바움과 피니스 모두 자신의 목록에 있는 요소가 그 자체로 가치가 있으며 도구주의로부터 보호되어야 한다고 주장합니다. 누스바움의 『여성과 인간 계발: 역량 접근법Women and Human Development: The Capabilities Approach』(Cambridge University Press, 2000)과 피니스의 『자연법칙과 자연 권리Natural Law and Natural Rights』(Oxford University Press, 1980)를 참고하세요.

5 '좋은 감정'과 '좋은 행동'을 구분하는 것은 외르겐 후스테드의 책 『빌헬름의 편지: 키르케고르에 따른 윤리적인 것Wilhelms brev: Det etiske ifølge Kierkegaard』(Gyldendal, 1999)을 참고하세요.

6 Robert Nozick, *Anarchy, State, and Utopia*(Basic Books, 1974)

옮긴이 강경이

영어교육과 비교문학을 공부했고, 좋은 책을 발굴하고 소개하는 번역 공동체 모임 펍헙번역그룹 회원으로 활동하고 있다. 옮긴 책으로는 『불안 해방』, 『프랑스식 사랑의 역사』, 『길고 긴 나무의 삶』, 『과식의 심리학』, 『천천히, 스미는』, 『그들이 사는 마을』, 『오래된 빛』, 『아테네의 변명』 등이 있다.

쓸모를 증명하지 않는 삶에 관하여

초판 1쇄 발행   2019년 7월 12일
개정판 1쇄 인쇄   2024년 10월 8일
개정판 1쇄 발행   2024년 10월 16일

지은이 스벤 브링크만
옮긴이 강경이
펴낸이 김선식

부사장 김은영
콘텐츠사업본부장 박현미
책임편집 옥다애 **디자인** 황정민 **책임마케터** 오서영
콘텐츠사업4팀장 임소연 **콘텐츠사업4팀** 황정민, 박윤아, 옥다애, 백지윤
마케팅본부장 권장규 **마케팅1팀** 박태준, 오서영, 문서희 **채널팀** 권오권, 지석배
미디어홍보본부장 정명찬 **브랜드관리팀** 오수미, 김은지, 이소영, 박장미, 박주현, 서가을
뉴미디어팀 김민정, 이지은, 홍수경, 변승주
지식교양팀 이수인, 염아라, 석찬미, 김혜원
편집관리팀 조세현, 김호주, 백설희 **저작권팀** 이슬, 윤제희
재무관리팀 하미선, 임혜정, 이슬기, 김주영, 오지수
인사총무팀 강미숙, 김혜진, 황종원
제작관리팀 이소현, 김소영, 김진경, 최완규, 이지우, 박예찬
물류관리팀 김형기, 김선민, 주정훈, 김선진, 한유현, 전태연, 양문현, 이민운

펴낸곳 다산북스 **출판등록** 2005년 12월 23일 제313-2005-00277호
주소 경기도 파주시 회동길 490 다산북스 파주사옥 3층
전화 02-702-1724 **팩스** 02-703-2219 **이메일** dasanbooks@dasanbooks.com
홈페이지 www.dasanbooks.com **블로그** blog.naver.com/dasan_books
용지 ㈜한솔피엔에스 **인쇄 및 제본** 한영문화사 **코팅 및 후가공** 제이오엘앤피

ISBN 979-11-306-4871-2(03100)

다산북스(DASANBOOKS)는 책에 관한 독자 여러분의 아이디어와 원고를 기쁜 마음으로 기다리고 있습니다. 출간을 원하는 분은 다산북스 홈페이지 '원고 투고' 항목에 출간 기획서와 원고 샘플 등을 보내주세요. 머뭇거리지 말고 문을 두드리세요.